岁月是歌

海宁经济开发区
30年发展纪实

浙江省海宁经济开发区管委会　主审

孙亦飞　著

郑州大学出版社

图书在版编目（CIP）数据

岁月是歌：海宁经济开发区 30 年发展纪实／孙亦飞著．--郑州：郑州大学出版社，2024.2
ISBN 978-7-5773-0233-1

Ⅰ．①岁… Ⅱ．①孙… Ⅲ．①经济开发区-成就-海宁 Ⅳ．①F127.554

中国国家版本馆 CIP 数据核字（2024）第 054622 号

岁月是歌：海宁经济开发区 30 年发展纪实
SUIYUE SHI GE：HAINING JINGJI KAIFAQU 30 NIAN FAZHAN JISHI

策划编辑	吴　昊	封面设计	苏永生
责任编辑	吴　静	版式设计	苏永生
责任校对	胥丽光	责任监制	李瑞卿

出版发行	郑州大学出版社	地　　址	郑州市大学路 40 号（450052）
出 版 人	孙保营	网　　址	http://www.zzup.cn
经　　销	全国新华书店	发行电话	0371-66966070
印　　刷	新乡市豫北印务有限公司		
开　　本	710 mm×1 010 mm　1/16		
印　　张	12.5	字　　数	225 千字
版　　次	2024 年 2 月第 1 版	印　　次	2024 年 2 月第 1 次印刷
书　　号	ISBN 978-7-5773-0233-1	定　　价	68.00 元

本书如有印装质量问题，请与本社调换

目　录

■ 引 子

2022 年 8 月是海宁经济技术开发区建立三十周年的日子。

30 年前,海昌经济技术开发区凭空出世,在钱塘江畔掀起了改革发展的大潮。弹指一挥间,海昌经济技术开发区——海宁经济技术开发区——海宁经济开发区,如雨后春笋般脱壳而出,节节变高,海宁经济开发区在海宁市委市政府的领导和开发区历任领导的指挥下,班子成员和工作人员围绕开发区的建设和发展,认真学习,砥砺前行,在不知开发区如何前行发展的情况下,摸着石头过河,积极作为,不断探索工作方式和方法,竭尽全力在实践中不断总结和创新,认真贯彻执行相关法律和政策,提高招商引资的技能,开发区从无到有、逐步发展,整个发展过程历经艰辛,凝聚着历任领导的心血,体现了全体工作人员奋勇拼搏的精神。正是由于他们的辛勤付出,才使海宁经济开发区以崭新的面貌成为长江三角洲的一匹黑马。

改革创新不断前进,招商引智引技,运用数字化手段在发展中腾笼换鸟,淘汰落后产能,建设起一个具有科技发展的现代化园区,漕河泾海宁分区产业园、泛半导体产业园、航天航空产业园、时尚产业园、智慧港等一个个产业园区、一个个园中园,构建出开发区前所未有的发展态势,成为海宁经济发展的主旋律。区街合并,在党建引领下,社会形态发生翻天覆地的变化,海昌区街——一个具有现代工业的小城市雏形——基础设施完备、环境优美、物质富裕与精神文明同步发展,全民共同富裕,万亩良田、规模养殖的现代农业产业化绘就了美丽的田野风光。

蝶变跃升,以"芯"为名,区街园区内数字化信息化产业成为发展主流,将泛半导体产业聚链抱团抢占世界高地,在昔日的黄土地上满"芯"飞扬。

蓦然回首,万千感慨,展开 30 年海宁经济开发区发展的历史画卷,我们没有理由不为他们在这个区域的奋斗过程挥手点赞,没有理由不为发展作出牺牲的无畏精神表示敬佩,没有理由不为他们在发展过程中不断创新的科学理念挥毫书写。

岁月是一首穿越历史的歌,在那永恒的韵律中,让我们飞越 30 年的时空,停留在 30 年前那个让人难忘的年代,走进海宁经济开发区的发展画卷中,成为开发区一员,行走在那个一路风霜雨雪但充满希望的田野中,感受一代代开发区人不畏艰苦、砥砺前行的创业精神,在 30 年的历史画卷中感受他们的风采。

上篇 十年基础 探索前行创新篇

  海宁经济开发区探索前行的十年,也是艰难起步的十年。"开发区"这三个字,在30年前是个陌生的名词,也是一个陌生的概念,在中国浩瀚的文字发展历史中没有这个词语,《辞源》中都找不到这个词。开发区是什么?开发区是中国经济社会发展改革中的一个创新,是一项文化,更是一个地方探索经济发展前行方向的重大实践。

  海宁经济开发区从摸着石头过河探索发展方向,到目标逐渐清晰;从没有方向的招商引资,到舍小取大的认知;从慢步小跑到提速快行,十年间的发展,每一步都充满了开发区领导和全体职工的智慧和信心,每一步都记录着发展的艰辛和困难,每一步都承载着曾经在那片土地上砥砺前行的脚印。

  岁月是歌,1992年8月开发区唱响第一个音符,激荡的歌声在那片土地上不断回旋,回荡着十年间艰难踌躇发展的乐曲。开发区从无到有,每一寸土地都歌唱他们的付出,也正是有他们的付出,开发区才能在海宁的版图上得以刻下载入史册的名字。

第一章

平地惊雷　横空出世开发区

1992 年,对海宁来说是不平凡的一年。

6 年前,改革开放的浪潮已席卷华夏大地。风从京城吹起,逐渐飘向沿海一带,刹那间全国各地改革开放的浪潮如钱塘江潮水般一浪高过一浪。素有弄潮儿精神的海宁人,自然是不甘落后,撸起袖子开始在这样的大环境中勇敢探索,为发展海宁经济铆足了干劲。

新年过后不久,海宁市委市政府决定组团到香港招商。市领导考虑出去招商不能各个部门各自为政无序竞争,必须要有自己的品牌,于是就召开了有关出国招商准备工作的座谈会,请市级有关部门和乡镇领导参加,大家群策群力构想海宁应该用什么品牌引领各乡镇组团去招商。

改革开放给海宁经济发展带来了新的机遇,海宁出国招商引资是否应该带什么出去? 或者是否应该有一个统一的区域代表海宁去招商?

座谈会的议论中自然而然地谈到了开发区,这在当时是个适时应景、风靡一时的话题,市领导提出了这样一个思路:海宁也要创办一个开发区,以开发区的名义引领各乡镇外出招商。

其实,这是海宁市委市政府领导酝酿已久的一个重大决策,在改革开放的浪潮下,建设经济开发区已经成为全国各地的一种时尚,似乎是到了遍地开花的程度,"有条件的要办,没有条件的创造条件也要办"——这个口号在一些县(市)中成为领导的口头禅。

海宁属于杭嘉湖平原,处于长三角的区域范围,人文历史深厚,交通便利,得天独厚的自然环境使海宁成为经济发展的一个强市,建设经济开发区也是水到渠成的事情。

市领导的提议引起了座谈会参与人员的共鸣,建立海宁经济开发区的事项成为大家的共识。

但经济开发区放在哪里,引起了大家的争论。狮岭乡、双山乡、伊桥乡等乡镇都提出了要求,希望市政府把开发区建在自己辖区,尤其是狮岭乡党委书记吴甫明竭力要求将开发区建立在狮岭乡的地域上。

狮岭乡一直是以农业生产为主,一年有 500 万斤公粮的任务,是海宁全市粮食任务的十分之一,乡里的领导和当地农民一样压力非常大,自然当书记的吴甫明压力也大,他也有每年 3800 斤公粮任务。面朝黄土背朝天的田间劳作,其间的甜酸苦辣只有自己知道。吴甫明曾经想改变全乡的经济生产结构,搞一些工业企业,却被时任市委主要领导以东山大桥外面不能搞工业为理由回拒。吴书记搞工业的想法破灭了,狮岭乡就在农业产业上一直徘徊。

"后来随着人事调动变化后,又迎来了改革开放的时机,我们就蠢蠢欲动,想发展工业了,于是就先办起了几个窑厂。"吴甫明回忆当时的情况时还充满了一种莫名的成就感。

狮岭乡党委书记吴甫明的打算是对的,也基本和市领导的思路相符。其实会议前王似熊市长已经去过狮岭乡好几次,并和吴甫明探讨过开发区的选址,吴甫明建议把开发区设立在碤石东面狮岭乡的区域。

会议上集中起来的意见主要是两个:一是将开发区放在狮岭乡,在东山大桥以东划一块区域;二是将开发区放在双山乡,在海宁大道西面的地方划一区域。

会议最终决定在狮岭乡地域建立海昌经济开发区。

开发区作为很时髦的机构,除了叫得响之外,更多的是地方政府能够享受中央和省财政上的优惠政策,得到许多实惠,更是有利于一个地方经济社会的发展。所以当时有句口号:有条件的抓紧办,没有条件的创造条件办!一时间,哪个地方没有开发区,就觉得是很没面子的事情,是失去了先机、先去了竞争的能力。作为具有"猛进如潮"精神的海宁人来说,在这场改革开放的大潮中自然是要成为弄潮儿,建设经济技术开发区也就成为顺理成章的事情了。

事实正是这样,经济技术开发区的设立,是近几年中华大地上出现的新生事物,是改革开放过程中的产物。

人们或许还会清楚地记得 1984 年——那个特殊的甲子年,那年的 5 月4 日,中共中央、国务院批转了《沿海部分城市座谈会纪要》,其中指出:除进一步开放沿海 14 个港口城市外,有条件的城市可以"划定一个有明确地域界限的区域,兴办新的经济技术开发区"。自此,"经济技术开发区"一词,走进中国人的视野,融入各级政府的工作报告中,掀起了改革开放的大潮。

3 个月后的 8 月 15 日,国务院副总理万里、李鹏和国务委员谷牧三人一起到大连,听取了大连市委和市政府经济工作情况,并针对大连提出的成立国家级经济技术开发区的意见,实地进行了选址考察。9 月 25 日,中国第一个国家级经济技术开发区——大连经济技术开发区在黄海之滨诞生了。这一举措引起世人瞩目,大连经济技术开发区在中国成为领头羊。

1986 年 8 月 21 日,中国改革开放的总设计师,82 岁高龄的邓小平冒着酷暑视察了成立才 2 年的天津经济技术开发区,他兴致勃勃地参观了合资企业丹华公司的车间和刚试生产的自行车,在丹华公司用食堂大厅布置成的简易会议室里,会见了中外双方经理,详细听取了开发区管委会的汇报。听完汇报,邓小平同志充分肯定了开发区的工作,并坚定地说:"对外开放还是要放,不放就不活",强调"胆子大一点"。同时,挥毫写下"开发区大有希望"的题词。

第二天,《天津日报》头版报道了邓小平题写"开发区大有希望"的消息。由此,全国掀起了又一轮改革开放的热潮,各级政府看到了改革开放中的机遇和方向,此后开发区的设立数如雨后春笋般在全国崛起。

如此背景下,"猛进如潮"的海宁又怎会甘心落后?

把经济技术开发区定位在东北方向,虽然会议上已经统一思想,但在会下也是颇有争议的。不少人坚持认为,开发区的区域位置十分重要,必须有发展的前景,而在海宁城市(市区中心)的东北方向成立开发区,显然是有先天不足的毛病。东北方向唯一的交通是盐湖公路,盐湖公路名义上是省道,实质也是秦山核电站的疏散工程,而这条省道中距离海宁出口不远的唯一通道——东山大桥,时常交通堵塞,可以说自行车密集,道路每天都堵。因为是省道,想要改造拓宽,得由省里相关部门批准,这就不是轻而易举的了。

那一日是个晴好的日子,吴甫明陪着王似熊市长又一次登上狮岭乡大黄山,虽然天气炎热,却比不上两位领导对开发区未来建设的信心炽热,站在这个狮岭乡的最高点,可以尽览全乡的概貌,两位领导顶着火辣辣的太阳在顶峰上指点江山,一个海宁市的领导和一个狮岭乡的"一把手"在阳光下画出一个圈,给海宁的经济开发区历史留下了浓浓的一笔,给海宁经济开发区的建设奠定了基础。

海昌经济技术开发区定位在海宁的东北方向,是从狮岭乡的区域内规划出一块5.46平方公里的总体面积,也就是说,从狮岭乡划出了8000多亩的土地,由开发区管辖,作为发展用地,并确定0.65平方公里(近1000亩)作为先行启动区块面积。

王似熊市长给吴甫明一个任务,海昌经济技术开发区建立以后,由狮岭乡按市政府的意见先画出一个开发区的区域规划草图,然后再由专业部门去搞正规的设计。

1992年6月25日,海宁市政府发出海政发〔1992〕99号文件《关于建立海昌经济技术开发区管理委员会的通知》,宣告了管委会这个机构的设立,海昌经济技术开发区从此开始在海宁的经济建设中不断发挥作用,逐渐成为海宁经济发展中的重要支撑。

海政发〔1992〕99号文件正式任命了海昌经济技术开发区管委会的领导班子成员:

主任:阮鑫光(计经委)

副主任:吴甫明(狮岭);钱景芳(市人大)

委员:张建顺(狮岭乡);徐李庆(土管局);张大同(建设局)

海昌经济技术开发区和管委会的设立,是海宁市开天辟地的一件大事,前无古人的事业摆在当代市领导的面前,五套班子成员都非常重视,王似熊市长亲自挂帅、金富荣副市长具体操作、纪委书记沈福荣督阵、人大政协领导经常听取汇报。

自此,开发区的名字不断冲击着社会各界的神经,经常成为《海宁日报》的头版。

主任阮鑫光是海宁计经委副主任,最早是从海宁绸厂书记的岗位上调任而去,这次由他负责开发区管委会的工作,确实是比较合适的人选,他现任的岗位属于社会经济发展中的宏观调控要位,而以前的工作经历则是基层工业企业的一线基础,有宏观思维和现代工业结合的经验积累,对领导海昌经济技术开发区的工作无疑是很好的人选。

副主任吴甫明,是狮岭乡党委书记,海昌经济技术开发区在狮岭乡的地盘,自然他最有发言权。

副主任钱景芳则是市人大常委会代表工作委员会主任,他原是从丁桥镇党委书记转岗到人大,具有丰富的农村工作经验,在人大的岗位上可以从实施监督的角度考虑问题而发挥重要作用。

正副主任的搭档,市委、市政府可谓是用心良苦。

三个委员各有侧重,都是和开发区的工作紧密相关,可以极大地方便开发区招商引资和土地征用拆迁等重要工作。

张建顺时任狮岭乡党委副书记,熟悉当地情况,善于做群众的思想工作,为开发区以后的征迁工作带来诸多的有利条件。

徐李庆时任土管局副局长,到任后,在管委会可以直接处理有关土地审批等工作,可以在行政审批重大改革中作为土地主管部门行使审批工作,便于高效运作。

张大同时任建设局属下建筑质量监督所所长,在开发区的任职可以行使建设部门相关的职能,也有利于行政审批工作的改革实施。

有了经济技术开发区管委会班子组成人员,还必须要有相应的工作人员,市政府又从建设局、土管局等机关抽调骨干作为中层干部,并从海宁袜厂、三八商店、培隆(中百公司商店)等国有企业中抽调了十多位工作人员,这批机关和企业中的骨干和精英到位后立马就投入了工作。

兵强马壮的海昌经济技术开发区管理委员会正式成立。

经市、乡两级领导多次视察和相关部门认证而划定的海昌经济技术开发区,在骄阳似火的 8 月正式面世,首次出现在海宁的规划图上。

在碧云路旁一条小路边的一片桑树林前面,坐落着一幢四开间三层的楼房,属于当地一幢普通得不能再普通的农民住宅房。这幢农民住宅房子外面挂上了一块并不起眼的木头牌子,白底红字,上面写着"海昌经济技术开发区"几个醒目的大字。

那一日清晨,虽说才是早上七八点钟,但滚滚的热浪已经表明今天又是一个温度偏高的夏日。阮鑫光来到这幢普通的民房前停住了脚步,他抬头望了望房子,深思了片刻后径直走到二楼,推开了东边房门。里面是一张浅黄色的三斗桌,桌面上除了几张杂乱的报纸和散落着细微的尘土之外别无他物,和桌子配套的是一只平板椅子,也是浅黄色的。他在平板椅子上坐下静静心,尚不到上班的时点,整幢楼房里是静悄悄的。他又站起来,走到窗口看着窗外。窗外是一片桑树,再远处是种植着水稻的一块块没有规则的农田。

水稻是当地主要的粮食作物,8 月正是苗壮成长的时节。

突然底楼传来一阵阵刺耳的机械声音,这是底楼那个小五金厂开始上班了,楼下是专为摩托车生产减震器的一个小工厂,老板加伙计总共才七八个人,人虽不多但机床的冲击声却不小,令人心烦。阮鑫光赶紧关闭了门窗,重新回到桌前坐下。

小五金厂的机器声时不时地在空中震荡,巨大的冲击力使房屋门窗的玻璃发出阵阵的摩擦声,搅乱了楼上办公开发区人员的心绪。好在这房子管委会已经向老板买下,其租客也已经承诺近几天将手头的产品加工完立即搬迁。

这就是自己将要开创新局面的工作单位?怎么做,做什么?阮鑫光常常扪心自问。除了"加大改革力度,抓好经济建设"这句口号外,他的心里是没底的。两个月前,海宁市委市政府为了加快经济社会的发展,作出了一项重大的决定:设立海昌经济技术开发区,成立海昌经济技术开发区管理委员会,市领导明确让他先去搭台组建班子,打个头阵,给下一步的工作提供基础。

服从组织安排是干部必须具备的素质,阮鑫光打起背包就出发,站在了海昌经济技术开发区的办公楼中。当然按市委、市政府的意见,他仍然是市计经委副主任,那是他的主要工作,去开发区只是搭建一套班子,组织一批人马,这位置是不会太久的,这一点市委领导的态度十分明确。

乡间的农民住宅中凭空出现的海昌经济技术开发区能在改革开放的浪潮中扬起滔天波浪吗?谁的心中都没数,只能让时间来证明。

第二章

探索研究 摸石过河遣兵将

海昌经济技术开发区管委会班子建立起来了,但真正开始工作时问题还是接二连三地摆在面前。首先,在组织管理体系上,正副主任都在自己原先的单位负责重要领导职务,需要很多精力去处理原单位的一些事务,确实很难有更多的精力去管顾经济技术开发区的工作,因此,在开发区的工作似乎是"随带过",职务也更像是兼职的。其次,在行政福利等方面,经济技术开发区的工作也没有完全理顺。阮鑫光的工资和福利待遇全部都在原单位计经委发放,而两个副主任吴甫明和钱景芳也是这样,分别在狮岭乡政府和市人大机关领取工资和福利待遇。最后,管委会领导的办公主要还是在原单位,工作得两头兼顾,所以他们的办公几乎是松散型的,虽说有个办公楼,平时办公室里找不到人,有事大家碰个头商量一下,没事各就各位在原单位,工作人员碰到问题需要请示的,就直接找到某个领导的原单位办公室去商量解决。

这样的组织体系和行政管理方式,对开发区的工作是极其不利的。所以虽说有了管委会的组织机构框架,但其实当时的工作进展还是非常缓慢的,当然不是说他们不努力,而是客观上存在着具体的问题。

市政府也看到这个问题的存在,经过再三研究,认为必须落实一个专职的常务副主任到管委会坐镇,负责组织日常的工作。

沈国顺在这样的背景之下被市政府领导选中了。

时年,刚30岁的沈国顺还是郭店镇的党委书记,年富力强,浑身充满着精力。他工作认真敢于创新,在乡镇中有较好的口碑,是一个有培养前途的青年干部,时值乡镇换届前期,把沈国顺从郭店镇调岗到海昌经济技术开发区正好是个机会。

组织部长唐洁静专门到郭店镇政府找他谈话，面对这位女部长的到来，沈国顺感到有些突然，他给唐部长泡了杯茶，坐在她对面静听指示。

唐部长接过茶杯放在桌上，直截了当地告诉他，组织上决定安排他去海昌经济技术开发区工作，担任副主任职务，配合阮鑫光主任工作。

沈国顺闻言心里咯噔了一下，嘴上没说，但心里还是有些想不通。唐部长看了他一眼，接着略有暗示地说，你是专职的副主任，其他副主任还担负着原单位的职务，你要有负责管理日常事务的心理准备。

沈国顺听到组织部长的话语，迟疑了一下，做了"我服从组织的安排，不辜负组织对我的期望，一定努力作好工作"的表态。

1992年10月25日，沈国顺上午到海昌经济技术开发区报到时，阮鑫光主任一早就在管委会的大楼里等他。主任、副主任的手握在一起，信念、信任、信心以这种无言的形式全部包含在两人的手上。

沈国顺正式开始了海昌经济技术开发区的工作。

经济技术开发区的属性是什么？应该怎么运作？说实话，那个时候谁心里都没底，即使是市长钱满程也很难说出个子丑寅卯来。

那一年钱满程刚从桐乡交流到海宁，1992年11月在海宁市第九届人大常委会第十八次会议上，王似熊因工作交流辞去海宁市长职务，钱满程被任命副市长及代市长职务，次年4月在海宁市第十届人代会上被选举为市长。市领导面对经济开发区这个新事物，提出了走改革开放的路子，向全国已经设立开发区的地方学习经验，把开发区打造成为海宁经济发展的主战场，把经济搞上去，建设好海宁的目标要求。

海昌经济技术开发区的定位是市政府的派出机构，以招商引资发展经济为主要任务，把经济技术开发区逐步发展成为集聚企业、商贸、文化和宜居的现代化区域，成为海宁市经济发展的主要区域。

开发区的工作一切从零开始，走上了一条艰难的探索之路。

1992年12月5日，嘉兴组织部和阮鑫光谈话，作出了阮鑫光异地交流任职的决定。海宁市政府决定，沈国顺作为海昌经济技术开发区负责人，主持开发区的全面工作。

摸着石头过河。改革没有先例可以仿效，必须凭着一班人的胆识和智慧，勇于探索和实践，犹如是涉水过河，要摸着石头一步一步行走，不能操之过急，否则就会跌倒在河中淹没于激流之中。

为了把海昌经济技术开发区建设成为海宁经济发展的领头羊，开发区管委会班子成员统一思想,带领全体工作人员一起,以敢为人先、一往无前的海宁潮精神,在没有先例的情况下,脚踏实地地干了起来。

海昌经济技术开发区开始了首次的创业,每走一次都是非常的艰难。经济技术开发区的工作没有现成的教科书,只有自己的探索和实践。当然,从国家形势的发展来看,各地的经济技术开发区已有不少,但县级市的经济技术开发区毕竟为数不多,且各地的设立背景和基础大不相同,不能相提并论。

1992 年如白驹过隙,转眼就消逝了,那一年的工作,主要是理顺关系,调查研究,拟定规划,制定政策,为经济开发区的下一步顺利开展工作打好基础。

这是一个始发阶段,谁也说不清开发区这列班车如何运行,有哪个站点需要加速,哪个站点需要加油,哪个站点需要进行整修。

学习学习再学习,班车开出海宁取真经。

开发区管委会领导带领工作人员先后到上海、天津、大连等地,向其他的省市的开发区学习成功的经验,按初步规划做事情,一个阶段一个阶段有条不紊地进行,工作中大家打成一片,打破分工围绕着阶段性工作一起做。

学习回来后,开发区认真进行研究,根据海宁的特色,聘请江西省一个知名测量队来进行测绘,制定控制性详细规划,并进行环境评估,同时收集相关法律法规,制定开发区的相关政策,为开发区建设提供政策法律保障。

开发区将多次研究后的《开发区规划草案》上报市政府,1993 年 12 月 2 日市政府专门召开了经济开发区规划审议会议,根据审议意见,市政府以海政发〔1993〕148 号文件作出了"原则同意海宁市经济开发区的规划"的批示。并明确了有关开发区的区域范围:"海宁市经济开发区,位于海宁市硖石镇的东北部。规划范围东起海宁市硖石镇总体规划确定的远景规划外环线海州路,北至规划北移的湖盐过境公路,西部、南路为由西向东的长山河环绕。南北长 2.6 公里,东西宽 2 公里,规划范围总用地面积 5.46 平方公里,启动区块详细规划 0.65 平方公里。"

批复中同时指出:"要根据《海宁市经济开发区规划审议意见》做必要的修改与补充,并要与电力、电信、航道、公路等部门加强联系,积极做好协调工作,搞好修建性详细规划的设计工作。开发区的土地使用和各项建设,都必须按《中华人民共和国城市规划法》执行。"

根据市政府的批复,开发区管委会对规划进行再次复核研究,并根据实际情况对启动区块进行了微调,将 0.65 平方公里调整为 0.72 平方公里。至此,开发区的规划真正落实到了海宁市的版图上。

回忆起那时拟定规划和政策的过程,徐李庆感受颇深:"拟定经济开发区的政策是一项十分重要的工作,这是经济开发区如何开展工作的政策依据,是迫在眉睫的事情,因此,我们先后出去到富阳经济开发区等地学习他们的经验。"

徐李庆是土管局副局长,他调任经济开发区管委会任委员,是个实实在在干事情的骨干力量,作为职能部门领导安排在管委会,考虑到开发区的运作中,需要相关部门放权和授权,所以土管、城建等部门都安排了领导及工作人员进驻开发区,以利于原部门涉及的业务工作能及时快捷地解决。

拟定相关政策的任务落在了 37 岁的徐李庆身上。他从富阳参观回来就埋头于起草《开发区税收优惠政策》《开发区土地征用政策》《开发区土地征用后劳动力安置政策》,在富阳开发区取经过程中,对于富阳提出的"两免三减半"的政策,他一下子蒙了。"这政策我一下子还不懂,没搞清啥意思。后来去税务部门讨教才弄清楚,其实就是对进入经济开发区的企业给予税收上的优惠,前两年所得税地方留存部分全免,后三年减半的意思。这概念现在谁都能理解,但当时对这种创新的提法确实是一下子不解了。"提到制定政策中碰到的问题,徐李庆现在仍记忆犹新。

那一日,徐李庆带着《开发区税收优惠政策》《开发区土地征用政策》《开发区土地征用后劳动力安置政策》,随着沈国顺一起到市政府向钱满程市长做汇报,并详细解说了"两免三减半"优惠政策在开发区招商引资中的作用,钱满程市长听完汇报后十分满意,不久就提交了市长办公会议通过。

要想富,先筑路。事实也正是这样,没有道路的畅通,就只能是一个封闭的王国,不仅不能对外进行交流,更不能在市场经济情况下产出更大的吸引力和竞争力。当然,所谓"筑路"在现代社会发展的长河中已经不是指单纯的行道,而是赋予了全新的概念,路与水、电等合称为基础设施。因此,经济技术开发区的规划中,首先是进行基础设施的设计和建设,基础设施建设好才能引凤筑巢,招商引资中基础设施是关键,这是保证经济技术开发区能否走上预定发展目标的前提。

经济技术开发区拉开了第一场的序幕。

第三章

基础先行　企业争入开发区

　　完善基础设施建设,改善投资环境,这是海昌经济技术开发区首先面临的一个重要课题,在对 5.46 平方公里环境评估正式开始实施的同时,对先行启动区块 0.65 平方公里吹响了海宁历史上第一次大开发大建设的进军号。

　　1993 年春节后不久,人们惊喜地发现,在海昌经济技术开发区办公楼前面的马路上,"海昌经济技术开发区欢迎您"大型广告牌横跨马路两侧,在阳光下显得大气醒目,跨越式的广告牌在当时的海宁或许还是少见的,一下子吸引了来往的车辆和行人。为了扩大海昌经济技术开发区的影响力,管委会首先在海宁及省、市媒体和舆论上向社会传播了开发区建设的信息。

　　政策小组修编印刷了《海宁经济技术开发区政策汇集》和海昌经济技术开发区招商引资宣传资料,广泛进行宣传,分发到各个企业,并作为每次出去招商引资的必备资料,这种在当时特别时髦的宣传手段,发挥了很好的作用。

　　宣传是一个方面,但行动才是真正的要点,管委会抓住当时主要的基础设施建设项目,在财政并不宽余的情况下,化血本投入基础设施建设资金 768 万元,重点开始对"五路""一水""一通信"工程以及四项零星工程进行全面施工,这是先行启动区块里面必须解决的事项,直接关系到开发区下一步的工作成效。

　　有资料显示,当时的"五路"情况如下:

　　一是丹枫路沥青碎石路面长 338.3 米,宽 24 米,计 8513.8 平方米;

　　二是石泾路沥青碎石路面长 887.5 米,宽 12 米,计 9661.2 平方米;

　　三是教工路砼路面长 160 米,宽 6 米,计 975.4 平方米;

　　四是春晖路砼路面长 170 米,宽 6 米,计 1087.6 平方米;

五是碧海路砼路面长 170 米,宽 7 米,计 1190 平方米。

"一水"情况是:石泾路 DN200 给水工程长 850 米的管道埋设。

"一通信"情况是:设计规模 1.2 万门,首期工程 2000 门程控交换机的海宁邮电局城东电信分局的建设工程。

此外四项零星工程为:

一是东山大桥硖川路引道沥青碎石路面,长 223.3 米,宽 6 米,计 1449.1 平方米;

二是东山大桥硖川路北侧挡土墙,长 74 米,高 3 米;

三是硖川路人行道道砖铺装 826 米;

四是硖川路碧云路行道树绿化工程……

一串串的数字是单调的,也难以吸引人的眼球,但却最能反映那个阶段的建设情况。对于当时经济条件并不算好的开发区来说,这些投入已经是尽力了。精打细算中雄心勃勃准备大干一场发展经济的开发区,这些基础建设是他们心血的记载,每一个数字都凝聚了他们的辛勤付出。

要发展经济,招商引资是首要环节,开发区向市内外抛出了橄榄枝,期望得到企业家的青睐,不久便得到了回应:一个福建籍的菲律宾女华侨郑玲玲看准了开发区的发展前景,准备投资房地产项目,她看中了海昌经济技术开发区内一个区块,且信心满满。然而经过多次到开发区考察后,她感觉在那里投资房地产还是有相当大的风险,原因是东山大桥的道路实在是太拥堵,那条并不宽敞的马路上人来人往的自行车时常会让人不知所措。如此交通不便的地块,造出的房子有谁来买?作为房地产投资商她心里没底。

20 世纪 90 年代初,自行车是我国老百姓的主要出行工具。我国刚从计划经济向市场经济转变,原本稀有的自行车一下子充满了市场,改革开放的政策让老百姓手中逐渐有了钱,生活节奏不断加快,在"时间就是金钱"的口号下,为使出行方便都喜欢上了自行车,上海的凤凰牌自行车"飞"进了寻常百姓家,永久牌自行车在乡村的机耕中扬起尘土,更有飞鸽等品牌的一大批自行车出现在人们的视线中,老百姓一下子改变了出门靠步行的千年出行方式,由此我国也被称为自行车王国。那种昔日"富人"才能拥有的便捷出行工具,成为城乡青年的结婚必备品,海宁自行车的保有量也提升了。

作为城乡主要交界通行的东山大桥,还出现了经常堵塞的情况,这种车满为患的现象一定程度上也使得强大的车流量和狭小的马路出现新的矛盾。

房产商面对这个矛盾,对投资起了犹豫之心,但她对开发区良好的地理位置和政策心怀不舍,她用聪慧的头脑发现了新的商机,那就是海宁人不缺钱!此地没市场必有其他市场,正如上帝给你关上一扇门,一定会给你打开一扇窗。

海宁人以自己的勤劳和良好的地域优势,早在一百多年前就享有了"小上海"的美誉,王国维、徐志摩等一批文化名人将海宁又推向了世界,海宁的蚕桑、丝绸、大米在江浙沪一带形成很大的商业规模,可谓是闻名遐迩。传统的商业模式一直成为海宁经济发展的强大动力,也给海宁的民众带来了经济的繁荣和生活的富裕。

新时代新生活,海宁在改革开放的大潮中,必定会用自己的方式迈开大步开辟新的市场。

郑玲玲多次和开发区接触,与开发区领导阮鑫刚、沈国顺等都相当熟悉。一方面,她确实想在这个人杰地灵的地方做一番事业、成就自己的事业梦;另一方面开发区也有让她在本土投资的想法,因为当时她是以外商的身份来投资的,国家对此是有优惠政策的,况且在改革开放的初期,外商投资对海宁来说还是相对稀少,现在有这样的对象,开发区自然是想引凤入巢。

双方都有自己的想法,自然就更加地热络,但仍一直未在开发区下注投资。

在开发区的发展历史中,不能不提及海宁中国皮革城和海宁的皮革产业,这是前期和开发区同期起步携手前进的海宁两大经济支柱,而皮革产业的发展随后也成为开发区时尚产业的重要区块。

海宁此时的皮革产业已经初露头角,长安镇的雪豹皮件厂、火车站旁凌家场村落里九冬皮件厂、敦奴皮件厂、三星皮件厂、建设路医药公司四楼上的蒙努皮件厂等颇有名气的皮革服装企业已经形成一定的规模,同时在石路乡建材市场等城郊接合部及长安镇、丁桥镇等地数百家小型的皮革服装厂应运而生,一个新型的皮革产业的崛起正在海宁大地上酝酿着,一旦条件成熟就会瓜熟蒂落。

与此同时,海宁市区的小商品市场几经搬迁后落地在工人路,工人路的两侧成了小商贩的主战场,每天上百家摊位摆放在工人路上,把工人路变成了水泄不通的聚集地,而工人路在当时也是市区一条主要的交通要道,老百姓对这种严重影响交通的马路市场意见很大,纷纷向市领导和工商局等部门反映,强烈要求还工人路一个安全畅通的交通环境。

群众的反映引起市领导的重视,主要领导立即召集相关部门进行研究,选址将小商品市场进行搬迁,前期的工作由计经委具体负责做好调研。

工相比商局会议室里,市长钱满程、副市长金富荣组织工商局、计经委的领导研究小商品市场的搬迁问题,计经委章竞前汇报了前期的调研情况,建议将小商品市场搬迁到硖石火车站对面的那块农闲地。

会议上大家进行了充分的议论,其间有领导提出,海宁的皮革服装已经在国内外形成影响力,我们是否应该抓住这个商机,给海宁的这个新兴行业创建一个平台,把皮革服装产品集中起来形成优势,做大做强。

时值冬天,海宁的皮革服装正是一个旺季,这两年海宁的皮革服装厂已经全面开花,生意都非常好,长安的雪豹皮革服装在中央电视台的广告飞满天,成为全国闻名的产品,周王庙的富邦、石路乡、伊桥乡、狮岭乡……几乎每个乡镇都有皮革服装厂,随形的海宁制革厂、上林制革厂、卡森制革厂……制革厂也如雨后春笋般逐渐增多,海宁的皮革行业正以一种快速发展的态势冲向全国。

虽然是冬天,外面的寒风呼呼,会议室里人数虽不多,但气氛异常的热烈,建设一个具有海宁特色的皮革城,不能不说是个好主意,是一个石破天惊的想法,市长钱满程当即拍板,在海宁建造一个皮革城,把皮革产业做大做强,推向全国。

皮革城优先考虑的地点就是火车站对面土地,具有百年历史的火车站是海宁与周边县市相比特有的交通优势,可以给全国各地来海宁进行商贸活动的客商带来快捷和便利,因此决定,项目由市政府牵头协调,工商局具体设计建造,小商品市场则另行选址。

雷厉风行的举措体现了海宁"猛进如潮"的精神。而皮革城最好能引进外资,在当时的背景下如有外资引入,审批环节中在时间上也会更加快捷。

而外商在哪里? 郑玲玲进入了海宁的视线。

阮鑫光把海宁准备建设皮革城的消息告诉了郑玲玲,并且分析了这个行业的发展前景,建议她能考虑参与投资。郑玲玲也正好为没有好的投资项目发愁。闻此消息,郑玲玲马上对皮革行业进行了考察,踏进这个门槛并经过多日的考察了解,她感觉这个行业有利可得,前景十分美好,于是决定投资这个商业项目——皮革城!

郑玲玲准备了 80 万美元,外加一辆小汽车作为投资合作的资本,于是,皮革城也算是一个外商和政府部门的合资项目了。

外方投资商一个不经意间改变的思路,从想做房地产生意而转做皮革城商业投资,双方合作的结果是促成了一个产业从无到有,皮革城出现在海宁市区,促进了海宁皮革产业的发展。而几年后中国皮都科技工业园的崛起也成为开发区中期经济发展中的一个主力。

1993 年 12 月 19 日,浙江海宁皮革城在海昌西路的终端,海宁火车站对面打下了第一个桩,总投资 9000 万元的皮革服装城的建造,提升了海宁的知名度,一个新兴的产业在中国海宁崛起,也为日后开发区皮革产业的发展打下了很好的基础。

1994 年 9 月 22 日,浙江海宁皮革城建成开业,同日举办了首届全国皮革服装展销会,买皮到海宁皮革城的信息在全国瞬间就流传开来。1996 年 3 月,海宁市被命名为中国皮革皮衣之乡,由此,海宁皮革产业真正成了全国皮革服装集散中心和皮革产业信息中心,皮革服装也成为开发区时尚产业中的一张主牌。

开发区的工作如射出去的箭一往无前,工作如火如荼地开展,开发区的干部和工作人员一刻也未停止脚步,主动出击招商引资,开发区以实现“九五”计划开好头、起好步为工作要点,全面实施战略部署广交朋友,印花、热电、制革皮件、锰矿砂烧结、高速经编、仪器仪表等 13 个项目纷纷确立进入意向,使开发区异常繁忙。这期间开发区又先后出让土地 8 宗,出让金收入 282.82 万元,办理农转非 53 名,安置征地劳力 23 名。

许多企业相中这块宝地,开发区来者不拒不亦乐乎,以招商引资为重,一切工作围绕招商引资工作开展。

1994 年 5 月,经海宁市人民政府海政发〔1994〕37 号文件批复,海昌经济技术开发区更名为海宁经济开发区,名称的变更给开发区的发展开辟了更大的空间。

其间,海宁的皮革产业中一匹匹黑马不断出现,产生出一个个从小到大不断崛起的著名企业,这些企业为开发区下一步的重点产业发展提前打好了基础。有许多企业和老总的名字至今我们依然记得,岳姚祥和他的蒙努皮革服装厂就是其中之一。

1993 年 7 月,岳姚祥在硖石创办了民政企业海峡皮革制衣厂,生产皮革服装,推出“蒙努”这一响亮的皮装品牌。

这位厂长 1958 年出生于桐乡屠甸,1976 年参军,曾在对越自卫反击战中立下战功,带着脚上的伤残回到地方领取了残疾证,因此他对民政部门主管的残疾人事业始终有一种关切之情。因此,岳姚祥开办民政企业也算是圆了他一个善心之梦。

"蒙努"品牌在社会一经亮相,就以产品质量上乘及优良的服务赢得了消费者良好口碑,虽然蒙努比同行业第一批皮革服装生产企业迟了整整10年,但却一下子成为海宁皮革服装的引领者,蒙努皮革服装也成为人们的首选。

在创始阶段,海宁蒙努皮革服装厂和大多数企业一样,也只是租房起步,经过艰苦的创业终于收获了第一桶金,企业由小变大发展势头不断地呈现井喷状态,不久便在南苑路上建设了厂房和展示中心,生产销售呈现出蒙努企业蒸蒸日上的景象,而走进大门一下子就吸引客户眼球的那座镀金财神菩萨也成了蒙努企业的代名词。

1995年12月,起步才两年的"蒙努皮装"就被国家有关部门评为"中国十大真皮衣王",这颗皮革服装行业崛起的新星,引起了开发区管委会的重视,把这个优质的企业吸收进入园区,正是开发区招商引资的一个重要方面。经过与岳姚祥的初次接触,经办人员充满了信心。

时值海宁蒙努皮革服装厂发展的高峰期,原来的厂房已经不再适应企业的生产需求,而开发区正好把自己的企业作为重点行业招商,也是解决了企业进一步发展的瓶颈,给企业进一步做大做强留下了巨大的空间。

开发区在初创阶段,招商引资工作的重点其实还是在内资上,尤其是本市的优质企业和新兴产业发展中企业。

经办人员也不急,知道招商没有一次简单的交流就能成功的,因此也就约定了再商榷的时间。

最终的结果当然是双赢,蒙努皮革服装厂得到了享受土地的优惠政策及"两免三减半"的税收优惠政策。事实证明,岳姚祥的决策是正确的,蒙努皮革服装厂落户海宁开发区,成为皮革园区的一匹黑马,引领着开发区皮革园区产业不断前行。而蒙努自身则通过不断地创新发展,成为皮革园区一颗闪耀的明星,赢得了国内外良好的声誉。

开发区的招商工作逐渐步入正道,风风火火地开展起来,当地许多企业纷纷和开发区招商部联系入驻事宜,一时间开发区成了企业的热门话题。

海宁城区框架范围拉大,工人路将成为市区的主要道路,临近工人路两侧的企业都将在旧城改造中搬迁,这个重大的决策给开发区带来了利好的消息。也就是说,很长一段时间,开发区都会忙于做这批企业的引入工作。

那里有浙江拉链厂、海宁农机厂、海宁啤酒厂、海宁丝织厂等几十家企业,也是当时海宁的一些主要工业企业。

浙江拉链厂是个老牌国有企业,生产的拉链品种齐全,质量保证,深受用户青睐。特别是近几年海宁的皮革产业兴起,皮件厂遍地开花,拉链作为皮革服装行业的产业链,需求量突飞猛进,经济效益也是不断上升。因此厂长姜爱国得到信息后,立马和开发区管委会领导联系,主动要求进入开发区发展。

开发区的土地上能够增加和皮革产业配套的链接企业,当然是好事情,双方一拍即合,浙江拉链厂就这样进入了开发区。紧接着浙江拉链厂就投资一百多万美元引进拉丝生产线,安装调试、正常生产后取得了很好的经济效益。

开发区确实是一块风水宝地,海宁有眼光的企业家纷纷相中了这块宝地,尤其是土地和税收上的优惠政策深深地吸引着这些务实的创业者。

海宁国有公司钱江生物化学有限公司看中了这块土地,决定在开发区建立热电厂。老总马炎认为,作为国有公司,入驻开发区具有得天独厚的条件和发展的空间,许多企业进入开发区后,电力、蒸汽等能源都会成为首要的因素,热电厂就能为这些企业提供能源上的保障,因此是一个很好的项目投资,肯定能产出很好的经济效益。作为国有企业,投资热电厂,一方面是得到了经济效益,另一方面也是为市政府和开发区的经济发展作出了贡献。

钱江生化股份有限公司旗下持股55%的控股子公司海宁光耀热电有限公司雷厉风行,全资成立子公司海宁东山热电有限公司,这一投资决策终于在1994年11月30日落地,具有大学学历、工程师职称的黄永友先生兼任海宁东山热电有限公司董事长、法定代表人,从此开发区企业名册中出现了海宁东山热电有限公司的记载。

一个公用热电企业,从事供汽、发电,经营电力、蒸汽的配套企业在开发区发挥出自身优势,为开发区的发展作出了一定的贡献。

1997年12月,海宁经济技术开发区被省政府批准为省级经济技术开发区,这对开发区的全体人员来说是一个极大的鼓舞,每个人的脸上都洋溢着开心快乐的笑容。

开发区来了个跳跃式行进——升级为省级经济技术开发区,这一切似乎让人难以相信,却是实实在在发生的事情。

开发区的每个人面对升级的喜讯都充满了笑容,激发出干劲,尤其是开发区管理委员会主任章伯煜更是感到兴奋,但兴奋之余不免也有一丝担忧,他深感自己肩上的重任。

那是一个阳光灿烂的日子,崭新的浙江省海宁经济技术开发区管理委员会的牌子换下了海宁经济开发区的旧牌子,这一历史性的转变,标志着海宁开发区翻开了崭新的一页,尽管这一页是如此的沉重,但终究是展现了新的画面。

时任管委会主任章伯煜亲手揭牌,当红绸落下,浙江省海宁经济技术开发区管理委员会的牌子在阳光下闪现时,他的心情无以言表。

他深感这块牌子来之不易,这是开发区的每个人铆足了全力、齐心协力换来的,是全体经开人共同奋斗的成果。

章伯煜是1993年6月来到开发区任管委会主任一职,来之前就听闻开发区全体干部群众为发展经济任劳任怨的工作精神,上任后与同事们一起共事,对他们的工作有了更多的了解,他也下定决心要和全体干部群众凝聚成一股劲儿,把开发区优良的工作传统发扬光大,争取更大的成绩。

章伯煜作为一个资深老干部,在计划经济时代就一直从事经济工作,而计划经济的最大特点就是根据社会发展规划提出自己的计划要求,然后按层级上报审批后,按上一级部门批准的文本按部就班进行,从而完成自己的计划事宜,一切都是被动的运作,对于长期从事这种模式的干部,形成了一种思维惯性,往往是以听话为前提,相对来说也就缺少了改革开放初期的那种敢于吃螃蟹的勇气和无畏精神。开发区的工作是以市场经济的手段来调节和支撑发展区域,对于一个长期从事计划经济的老同志来说,对开发区的工作自然也要有个不适应到慢慢适应的过程,客观地讲,前几年开发区的发展速度并不是很理想,虽然每个人都在努力地奋斗,但毕竟对于新生的事物有个摸索实践的过程,不可能一蹴而就,其发展的步子就显得十分缓慢,有时候几乎就是停滞在发展的瓶颈上,难以突破。

但停滞不等于丝毫没有发展,虽然缓慢,但开发区短短的几年时间,从无到有,从不知工作怎么做、做什么到工作有条不紊地走上轨道,这一过程中,全都凝聚着每一个开发区人的心血和汗水。

进行广泛的宣传,全方位拓展招商引资工作,积极贯彻“三并举、三为主”的工作方针,强化大项目招商引资,开发区组织去北京、上海、香港、新加坡、日本、韩国等地开展招商活动,力争把海宁开发区推向全世界。

正是经过全体开发区干部职工的不懈努力,才获得如此辉煌的成就,才能在短短的几年里,得到上级部门的认可,得以升级。

开发区提升为省级经济技术开发区,按省有关文件精神,管委会的机构职级、行政体制与机构设置必须相适应。

省级开发区确立后,海宁市委市政府对管委会的工作给予了最大限度地支持,在加强对开放、开发工作指导的同时,建立了开发区党委,调整加强了开发区领导班子,先后出台了鼓励引进外资包括外地资金的优惠政策和支持发展民营、私营企业的政策。

管委会顺势抓住良好的发展时机,趁着改革的东风,抓住管理中的主要矛盾,多管齐下、大胆改革、勇于实践,迈开大步前行,展现新面貌,取得了以下新成就:

——理顺内部管理体制。完成了海宁经济技术开发总公司的改制工作,建立了管委会和总公司两块牌子一套班子的运作体制。明确管委会作为人民政府的派出机构,行使管理职能,总公司代表管委会行使资产增值保值和资本投资职能。

组建了国有独资海宁市海昌投资开发有限公司,完成了对海昌房地产公司和海昌基建公司的产权重组。

根据市委的要求,编制了职能配置、内设机构、人员配制方案,重新明确具体工作职责、职能,增补了两名中层领导干部。

同时,成立了海宁经济开发区土地管理所,给开发区的土地审批等实施工作提供了优质服务。

1998 年 12 月 15 日,中共海宁经济开发区委员会建立。2000 年新成立了开发区工会工作委员会、开发区团工委,至此,从党的组织到共青团组织、从管委会到工会工作委员会,组织框架逐步完善,对开发区各项工作的顺利开展奠定了良好的组织基础。

这是开发区取得良好成绩的组织保障,也是走中国特色社会主义道路的重要基础。在开发区党委和管委会的领导之下,开发区的各项工作奔腾前进。

——加强队伍建设,制定开发区工作人员行为规范,推出全员聘任制的改革举措。对考评不合格的一名员工予以辞退,对两名有专业技能的农民临时工考核聘用。同时,管委会还对经济技术开发总公司下属的地产公司在审计的基础上进行了改制,并组建物业管理公司挂牌开业,至此,直属企业已全部完成转制工作。

——加强自身建设,提高服务水平。二期规划得以批准实施,党委、管委会更注重区内软环境的建设,着力于管理人员素质和服务水平的提高。制定了《海宁经济技术开发区基础设施建设管理实施办法》,制定了"政务公开""办事承诺""廉政制度"。

——规范建设工程管理。规范了工程招议标、发包、工程管理和竣工验收的操作办法,成立了开发区招议标工作小组,各种制度分别上墙,主动接受社会监督。二期建设中投资 80 万元的第一个项目"仲陆浜桥"即进入市工程建设交易中心公开招标,既增加了透明度,又规范了工作纪律和办事程序。

针对开发区历年来征地劳力农转非和劳力安置较难现状,制定了《海宁经济技术开发区征地劳力安置实施办法》,并经市政府批准,形成了规范性文件,有了系统性的操作办法。

——发展区内党的组织。党委经过调查摸底,对三个具备条件的企业,依据《党章》和《党的基层组织工作条例》,报经上级组织部门批准,建立了基层党支部,全面加强党对私营企业组织工作和思想政治工作的领导,营造良好的政治环境,保证党的各项政策和工作在企业中得以落实。

第四章

筑巢引凤 招商引资谱新篇

1997 年,海宁市委在学习党的十五大精神和邓小平理论的基础上提出了"让海宁潮涌得更高"的要求,把解放思想作为切入点,全面抓好各项经济工作。开发区根据市委、市政府的要求,紧紧抓住招商引资这个关键点,全力投入工作。

有一个非常振奋人心的消息:经济技术开发区经过全体人员的努力,一期中闲置多年的标准厂房全部售出,呈现出滚动发展的良好局面。二期项目立项、规划定点、土地出让等实施一条龙服务立即进入紧张的实施阶段,海宁轴承厂扩建、铁路器材厂迁移项目积极办理,争取在二期中得以落地。

工作是繁忙的,开发区的领导带领职工参加韩国釜山、清原道在上海举办的经贸洽谈会后,又马不停蹄地赶赴日本、韩国开展招商活动,回来后又接连参加第四届国际观潮节和皮革服装节活动,加班加点印制开发区宣传画册。分工去广州、深圳、珠海招商,在浙大百年校庆经贸洽谈会等全国性大型招商场所几乎都能看到海宁开发区的人员,按开发区领导的话来说,就是"结识新朋友,巩固老朋友"。

这一切活动体现了一个"忙"字,忙得没日没夜,忙得所有人都一直在奔跑的路上。全部的"忙"都是围绕着两个字——"招商"。招商工作是一切工作的重中之重,重于泰山!开发区领导认为:招商引资必须树立系统工程的观念,全方位推进此项工作。因此提出招商引资思路是:提升形象,完善网络,突出重点,内外兼顾。

——完善网络。探索网上招商工作,配合专业人员更新完善在《中国黄页》与《中国外资信息网》的招商项目与宣传资料。完善开发区招商顾问网络;加强与市有关部门联络,拓宽招商渠道;加强与区内企业联系,拓宽以商引商渠道。

——突出重点。坚持"三为主"方针。即引进外资为主,引进高新技术产业为主和出口创汇为主。把开发区定位在引进外资的窗口,产业升级的基地上。积极引进外资,组织针对性的招商活动和以外引外招商工作。

——内外兼顾。在"三为主"同时兼顾市内和市外的重点企业及有发展前途的新兴产业,培养招商引资的"载体",配合老城镇改造和工业布局的调整,吸引更多的不同所有制企业进区,使开发区成为海宁经济新的增长点。

开发区连续几年的招商力度不断加大,同时利用中央电视台《新闻联播》,中国报道《经济半小时》节目等大型媒体进行宣传报道,通过全方位、多渠道地宣传开发区的各项政策、地域优势和人文环境等,不断扩大开发区的知名度。

中国经济在改革开放的大潮下,国家级的经济技术开发区已经进入高速发展阶段,并且正在向高新技术开发区的要求发展,国家级高新技术开发区已经成为科学发展的前沿。然而,省级及市县级经济技术开发区则还是处于起步不久的发展阶段,尤其是作为县级市的海宁经济技术开发区,开发区的招商工作也尚是属于初始阶段和探索阶段,对招引进来的企业要求不高,门槛低,产业杂,这个阶段对能耗、产值等都没有较高的要求,属于招商的低级阶段。招商的方法是广泛接触客商,以招商引商的方法以期引进金凤凰。

那几年开发区先后去厦门、福州、上海、珠海等地积极招商,也取得突破,同时在招商过程中承诺为企业全过程服务,不仅是对外资企业,对内资企业也一视同仁。

开发区的每一个干部职工都用千里眼的目光和顺风耳的功能捕捉招商引资的信息,用奔跑的速度和抢的方法去获取每一次的招商信息,力求取得成功。1998年5月,开发区招商部得到信息,有一外商拟在海宁投资橡胶和塑料制品方面的产业,得到此项目信息后,招商部人员当即赶赴珠海与外商进行洽谈。又为外商及时找到可以与他企业进行对接的海宁同类企业,并陪同企业一起考察设备,帮助协调解决资金困难等一系列难题。仅仅5个月时间就代办完成了合资企业申办的全套手续,创立了中外合资的海宁百乐塑胶有限责任公司,企业仅用两个多月时间就完成了设备安装调试,当年投入了生产。

群王皮革有限公司法定代表人贾凤仙,是个在职场上风风火火的女性,其企业以经营皮革服装、皮革制品、纺织制成品、沙发,其他缝纫品制造、加工为主,也在海宁皮革行业中有一席之地。这年公司新注册资本为 3078 万元人民币,雄心勃勃地进驻开发区,等待审批项目。这位能说会道的女企业家,原本认为审批项目肯定要付一定的费用,结果让她感到意外,没花一分钱就给她按时办成了一切手续。

海宁市国丰实业有限公司与摩纳哥一位投资商合资 10 万美元,于 1998 年 12 月 28 日在海宁市工商行政管理局注册成立海宁中怡工艺品有限公司,成为一家以生产销售工艺鞋并从事文教、工艺美术、体育和娱乐用品制造业为主的企业,法人代表陈国漪经常跑开发区管委会,以中外合资企业的身份申请土地指标,开发区按政策给予一条龙服务,使企业很快落地投产。

根据市委、市政府关于鼓励引进外地资金的优惠政策和支持发展民营私营企业的政策,开发区把眼光聚焦市外市内的优势企业,特别关注对私营民营企业的招商。

这段时间又先后有群力化工公司、耐尔袜业有限公司等外资项目和钱江生化、海宁市东狮袜业等一批市内外优质企业投资的项目在开发区落户,在申报审批过程中,开发区始终能及时为企业排忧解难,使这几个项目均能顺利实施,其间还引来了重庆农药化工(集团)有限公司落户开发区。

重庆农药化工(集团)有限公司成立于 1997 年 3 月,企业注册资本 58 018.4 万元人民币,属重庆化医控股集团旗下全资下属公司,法定代表人李强。这是一家以从事批发业为主的农药化工企业,也是国家在西南地区重点定点的农药生产企业,在中国具有一定影响力。公司生产的丰产牌噁草酮原药、杀螟丹原药、螺螨酯原药、氧乐果原药、杀虫双(单)原药、乙酰甲胺磷等系列产品畅销全国各地,远销欧洲、美洲、非洲、中东、东南亚等 40 多个国家和地区。其中 98%晶体乐果曾两次荣获国家银质奖;40%乐果乳油、40%氧乐果乳油、18%杀虫双水剂等曾荣获化工部优质产品称号,产品质量深受客户信赖。

这家有实力的农药生产企业引进海宁后,于 1997 年 10 月 7 日注册了重庆农药化工(集团)有限公司海宁分公司,派遣李飞元为负责人,落户在海宁经济开发区施带路,主要生产制造化学原料及化学制品制造及农药制造,经营集团公司生产的铬盐系列产品、助剂系列产品、农药及农药中间体。

这样的企业在当时的背景下,也是开发区作为市外优势企业重点引进的,算是一个重大的成就。

海宁的经济发展一直是以猛进如潮的精神快速发展并领先周边县市,这几年海宁的优质企业数量也不断增多,而支撑着海宁经济的支柱产业——皮革行业的多家企业更是如雨后春笋般出现,先后有雪豹、宏洋等入驻开发区。

沈金龙和他的海宁铁路器材厂也进入了开发区,该企业从属于上海铁路局杭州铁路分局的一个企业,创建于1981年,原来位于海宁市硖北路56号,是铁路系统一家生产铁路器材的专业工厂,企业生产各类道岔转换设备的安装装置及杆件、弹条、扣件、轨距挡板等铁路器材,生产的产品供应上海、南昌、柳州、呼和浩特等地以及广州铁路局(集团公司)、铁道部、上海地铁等单位。

硖石老城镇改造给开发区的发展带来了机遇,那一年海宁市委市政府提出了招商工作"只求所在,不求所有"的思路,从培育嫁接"载体"的目的出发,积极引导一批有发展前途的优势企业搬迁进区。

在这个思路之下,海宁杉杉集团、海宁国丰实业有限公司等工业企业相继在开发区集聚落户,给开发区的招商工作带来前所未有的繁荣景象,开发区在土地征迁、开发利用等一系列工作中开始步入正轨。

"回顾那个阶段,开发区招入的企业可以用'杂、小'两个字来形容。"张庆荣、沈国顺、周利德这些曾经对开发区成长作出贡献的副主任深有感受。"那时引进的企业有生产铁路器材的,有生产农药化工的,有生产工艺品的,也有生产皮革服装的群王、雪豹等,真的是杂和小。"

第五章

规划谋新　宏图展现新面貌

1998年6月,开发区管委会迎来了新一任主任许建国。许主任年富力强、精力充沛,他踌躇满志,抱着做一番事业的信心来到开发区,以市长助理的身份到开发区任职党委书记、管委会主任。

同年12月周利德也到管委会任副主任之职,此后几年,金中一、程光法、沈月康、褚宝良四位副主任先后到任。

领导班子强大了,工作方向确定之后干部就是决定因素,开发区的发展前景就掌控在这些干部的手中。这些年轻的干部个个信心百倍,心中有理想、行动有目标,特别是沪杭高速和南北大道北段通车,海宁的交通条件大为改善,老城镇改造、民营经济的发展以及税收等政策对开发区的倾斜和各部门的大力支持,加上这几年进区企业与投资的大幅增长,都为开发区的发展创造了良好条件,他们自然是信心百倍。

但事实上前进的路上永远不会一帆风顺,自然有不少的困难等在前面。

——瓶颈制约。由拳路与西山路尚未拓宽开通。向南尚无通道,与市区交通畅行成为突出问题;新《土地管理法》的实施,土地总体规划的控制,成为供地最主要的制约因素;管理体制尚未理顺,由此产生的一系列矛盾,制约着开发区的办事效率和发展空间……

当然有困难也有希望,市委、市政府对开发区的发展非常重视,把硖石镇区域调整作为重点提上议事日程,同时,尖山围垦加大了力度,围垦造地后有利于土地进行置换,这些都给开发区今后的开发和解决土地资源提供条件,着实是开发区的期望目标。

1998年,对开发区来说面临着一个严峻的问题,那就是经过五年多的努力,招商引资工作取得了重大成就。开发区首期的启动区块土地已经全部出让完成,让开发区建区以来取得的成绩得到了综合反映,但如没有新的土地资源,开发区发展就会成为无米之炊。

面对现实,开发区在调研的基础上,结合总体规划,在框架内制定出下一步发展的规划:提出了开发区要"向北发展,向东联合,向南环通,向西控制"的方案。

向北发展——从启动区块向北至横山港,西起长山河边狮岭砖瓦厂,东至丹枫路延伸段,南北宽450米,东西长1020米,可供出让土地500亩。此区块地势平坦,无民房拆迁,开发成本低。与总体规划相符,同时跨横山河向北还有发展用地。

向东联合——从启动区块硖川路向东延伸700米到狮岭乡政府,南边到开发区化工区,可供出让土地500亩。可沿硖川路开辟海宁经济技术开发区狮岭区块。按市委领导"统一规划,分步实施,穿插进行,共同发展"的要求和"谁投资谁受益"的原则,实行统一规划,统一政策,统一审批,联合开发,共同发展。

向南环通——开发区碧云路向南延伸,跨长山河至环南一路,可连接石路私营开发小区。此为硖石镇总体规划确定的外环线,如环通可大大改善硖石镇东区交通,使开发区形成一条南通道,人流、物流畅通。此南通道不打通,开发区现有企业建成后会造成西通道的交通堵塞。

向西控制——按总体规划,在南北大道两侧,长山河西,沪杭铁路以北有两平方公里工业用地,市政府已明确为高新产业区块。首要任务是统一规划,高起点,严控制,为防止伊桥、双山建小区分隔区块,商请由开发区统一管理,分步实施,滚动发展。

在这样的框架结构中,开发区认真制定二期的开发规划,确定了在一期启动区块以北、以东及小岛三块组成二期规划的开发区块,总用地面积217.61公顷,并制定了详细规划,请专家论证后报经省政府外商投资管理局批准。在此基础上制定的二期开发区块内"五通一平"基础设施建设实施方案也经市计经委立项批准。

新的征程开始扬帆远航。

为了给开发区创造一个良好的营商环境,根据市委、市政府的部署,开发区先行实施"一站式"审批,一个窗口收费、一条龙服务的要求。向社会推行政务公开,加强领导统一思想,成立了由管委会主任为组长的政务公开领导小组,拟定了管委会办事程序,公开收费项目,推行办事承诺制度。委属各部门也相应制定了实施政务公开的有关制度和工作措施,做到责任到人,增加了工作的透明度,提高了办事效率。

为提升开发区整体形象,改善投资环境,开发区管委会对办公大楼进行整体形象设计。虽然办公条件依然艰苦,但越是艰苦越向前,抱着实事求是因地制宜的方针,在没有资金建造新的办公大楼的情况下,改善内部办公条件,采用对内规范办事程序,对外推行政务公开的方法,把制度和办事规范全部上墙,全面树立开发区新形象。同时又在区域内投资基础设施520万元,用于园区创建卫生城市和增加区内绿地建设及公用设施,塑造整体形象,全区技改投入20 915.3万元,完成计划的139.44%,同比增长177.09%。批准项目46个,总投资51 656万元,财政收入3300万元,为海宁经济技术开发区下一步的发展打下了坚实的基础。

岁月流逝,开发区一年又一年始终在奔跑,跑出了速度,跑出了成果。在奔跑中许建国主任带领开发区的全体干部职工,用诗化的热情、用最美的镜头记录下开发区的每一个成长过程。

2001年是动荡和发展不稳定的一年,"9·11"事件中有2996人遇难,6291人受伤。同时给世界经济发展产生了十分重大的影响,多国经济下滑,联合国发表报告称此次恐怖袭击对美经济损失达2000亿美元,对全球经济所造成的损害达到1万亿美元。而"9·11"事件也对我国贸易增长、外资引入产生了直接和间接的重大影响。开发区出现企业产品出口受阻、招商引资项目难以落地等情况,这一年对开发区来说是一个极大的考验。

能否渡过难关?

事实证明,这一年开发区的发展并没有因为国际经济形势的变化而走入低谷,却是创造了开发区历史发展中的奇迹。

这一年管委会提倡机关全员招商、全程陪同、全包服务,从项目编制审批、工商登记、海关备案、税务登记、银行开户,到保险、环保、安全,消防等实施一条龙服务网络,制度进一步健全,在创新服务手段的同时,拓宽服务领域,优化服务质量,使外商感觉在海宁投资安心、舒心和放心,使开发区的整体形象在每一个工作环节上得到体现,促进了更多的企业向开发区集聚。

这一年区内对内通外联的交通道路、通信、供电、供水网络、园区环境及绿化区块进行全面建设,全区基础设施建设投入7900万元,完成年计划189.92%,同比增长151.59%。

这一年开发区东区二期基础设施基本建成,吸引了浙江显昱纤维织染制衣有限公司入驻,其为台商独资企业,注册资本为1288万美元, 占地面积16.82公顷,公司主要经营高档仿真化纤面料、高档运动与休闲用织物面料,入区后,实际共投资2688万美元,项目当年举行了奠基仪式。

这一年开发面积700亩,集聚了皮衣、箱包、皮具、沙发等产业,形成100万件皮革服装和800万件(套)皮革制品的中国皮都科技工业园与开发区合二为一,市委、市政府对二区作出整合的重大决策后,管委会班子思想统一,行动迅速,步调一致,工作落到实处,通过深入细致的思想工作和周密的步骤安排,只用了半个月的时间,迅速完成人财物的整合,进入良好的工作状态,成为在"三个代表"学习教育中成效的体现,也成为抓创活动出成果的典范。二区合并增强了开发区的发展动力,改善了皮都园区的形象,为下一步的皮革产业发展提供了强劲的动力,奠定了时尚产业发展的基础。

这一年,开发区新批投资项目46项,批准总投资额51 656万元,其中新批三资项目10项,批准总投资额3913.8万美元,同比增长108.74%。合同利用外资3229.96万元,完成计划的161.50%,比2000年同期增长107.31%。实际到位外资1221.35万美元,完成计划122.14%,同比增长294.43%,而这两项数字均超过开发区建区九年来累计引进外资的总和。

这是开发区全体干部职工努力的结果,这组数据也让开发区对未来充满了信心。当年12月11日中国成功加入世界贸易组织,成为加入世界贸易组织的第143个成员国的喜讯,又给开发区快速发展注入了新的动能。

第六章

艰难创业　破解瓶颈图发展

开发区的创业过程是艰辛而困苦的,虽然历经十年,但客观地说,发展的过程还是比较缓慢,制约发展的因素有许多,有客观方面的原因,如受到土地政策、财政政策以及国际国内各种经济形势的影响;也有主观方面的原因,如人员配备不足、干部信心不足等,所以举步维艰。虽然办公条件在改善,但面貌依旧,招商引资没有新意,经济发展步子不快。

邬明峰考入开发区工作,对当时去报到时的情景依然历历在目:"人生中深刻的记忆是没有几个镜头可以记得的,但这是我人生中的一个重要转折,我还是很清楚记得。2002年12月5日我去开发区报到,那天我一早起来先到长埭路市政府人事局拿报到通知书,然后骑着自行车到碧云路88号那个老开发区。那是一幢农民的三层楼房,前面有一个水泥场,再前面一个小食堂,吃饭时两桌子人也不坐满,就是这么一个状况。我是被安排在工程部,工程部也就四五个人。"

邬明峰的回忆客观地描述了已经历时十年的开发区现状,他原本是在建设局下面的事业单位市政工程管理处工作,从事市政建设工程管理,一度借调到海宁市污水处理指挥部从事污水处理工程筹建工作。2022年上半年,开发区有个工程管理的职位招考,他就报名进行了考试,结果如愿来到了开发区工作。面对与心中愿景差异巨大的现状,他的心情一时也难以言表。

开发区的现实情况就是始终在艰苦创业和不断发展的过程中缓缓前行。

21世纪初,开发区就面临电力、土地、道路交通设施、排水、通信等诸多的困难,这些困难可以用"巨大"来形容,许多困难不是开发区自己说说就能解决的事情,涉及许多的相关部门,有的还得是相关部门的上级部门才有权限拍板,走每一步都难。

摆在开发区面前的困难和发展瓶颈算算就有许多。

一是电力上电能紧张问题。开发区一期的现有企业与已批项目的装机总量已近 1 万 kVA,但开发区仅碛北变一个间隔出线,输电总量已不能满足开发区用电需求。对下一步开发区二期招商引入的企业难以保证用电需求,也就无法保障企业的建设和发展。

开发区和电力部门提出了加快建设 11 万伏变电所的要求,这个变电所按总体规划已预留位置,只是要求职能部门尽快加以落实,同时在尚未解决变电所问题之前,提出了缓解电力紧张的另一方案,即可沿碛川路分南北二线给开发区供电,北线仍由现碛北变供电,此案可解决开发区二期开发用电。南线从碛石变现成线路出线,则可解决启动区块碛川路南面企业用电需求。方案的提出却不是一蹴而就的事情,开发区只能在一方面积极配合市有序用电办公室对区内企业做好通知和解释工作,另一方面鼓励企业上自发电设备,并在做好申报和政策落实的衔接工作中慢慢等待。

二是道路交通问题。市区外环线东段碧云路向南跨长山河与环南一路接通的建设,虽然市政府十分重视,有关部门也正在加紧规划,但要建设完成还需时间,而开发区的企业正在不断地提升生产能力,企业招工后,人流、车流将大幅度增加,势必会影响开发区的投资形象。

在看到电力和交通问题的同时,开发区的营商环境问题不能改善,主要是涉及相关部门的政策让开发区非常头痛,不少企业感到生产成本偏高,负担加重。区域内的拆迁、道路工程、供水排水设施、通信建设等基础设施都是开发区投入,但增容费、贴管费、开口费都是相关主管部门收取,如供水基础设施开发区投入后,企业的贴管费仍由自来水公司收取,有悖于"谁投资谁收益"的原则,而且自来水公司是按城区企业同等对待,以 15 元/立方米价格收取,这是不合理的收费标准,更为不合理的是按建筑面积收取,这种收费使企业意见很大,影响了开发区的营商环境。

在电价问题上也同样存在价格不统一的现象,有专用变压器增容的企业电价由市供电局直接与市区内统一价格,但没有专用变压器的企业用电,电费是由乡农电站收,其工业用电比市区高 0.14 元/度,生活用电达 1.04 元/度,比市区高出一倍,同区不同价的电费显失公平,让企业难以接受。

土地利用率、农转非及开发区管委会办公条件及形象等问题,都成为开发区一个个烫手的山芋。

问题归问题,工作还得做,事业还得发展,开发区在这种困难重重的矛盾中突破自我,上下一心齐心协力完成了首期0.72平方公里启动区块的土地出让任务。

同时针对历年来土地出让金的欠款情况,成立了三个催讨小组,各小组分工负责,责任到人,对欠款单位分类排队组织上门催讨,共计收回土地出让金欠款375.73万元。同时对三家欠款时间较长,经几次上门催讨无效的,果断向人民法院提起诉讼,通过法律程序解决。

2002年市政府批准开发区内设5个职能科室,分别为办公室、商务部、规划部、工程部、综合部,机关编制25人,其中主任1名,副主任4名,正科(股)级领导职数5名,副科(股)级领导职数5名。

班子的配备和机构的完善,无疑是给开发区注入了发展的动力,引发了招商引资的积极性和创造性,仅2002年就先后两次去中国台湾招商,分别拜访台资企业十多家,与100多名台商进行了洽谈,并达成多个项目的投资增值意向。同时积极参加钱江观潮节(投资说明会)、厦洽会等招商活动,全年共接待来自韩国、美国、德国、法国、日本等国家的客商80多批,300多人次,在向外商推荐海宁的同时积极寻找项目信息。

善得利、金豪、澳森等一批企业的项目开始在开发区落地,而伴随投资2980美元的浙江大众皮业有限公司主体大楼的崛起,开发区的新办公大楼也建成并投入使用。新大楼虽然不高,但设计精致,小桥流水式的园林结构,醒目地吸引着在海宁大道飞驰的驾驶员眼球。许建国主任经常去建筑工地查看工程进度和质量,他要求建造一个可以让人过目不忘的开发区办公大楼,给来投资的客商留下美好的形象,吸引企业来开发区投资发展。

诗一样的开发区以其优美的姿态慢慢地走向舞台,用她的热情迎接八方来客,开发区跨入新的十年,发展前景会越来越好。

中篇　十年磨剑　展翅腾飞开发区

　　铁打的开发区,流动的"兵"。岁月的变迁中开发区的工作也随着时代的发展而变化,"大规划、大征迁、大建设、大招商"四大思路相继提出,这是海宁经济开发区走上高速发展的一个新十年,也是开发区建立以来走向发展的一个重大转折点。

　　前十年中的开发区情况,客观地讲,发展速度与其他地方的开发区相比还是相对较慢,从而在社会上也曾流传着开发区"开而不发"的言论,如何使开发区在海宁市的经济发展中体现出主平台主战场的功能,直接对海宁经济发展起到引领作用,成为开发区新十年的发展课题。

　　总结开发区前十年的发展过程,招商引资工作无论是工作方法上,还是项目的引进选择上,都有必要进行深化和修正,开发区的领导认为要有相对确定的优质项目和方向,才能保持开发区可持续发展的强势。

　　岁月是一曲流淌的歌,开发区的发展正如一台激动人心的歌剧,新十年犹如歌剧的中场,承前启后,走向高潮,思路的转变和观念的更新使开发区的工作模式和招商目标发生了新的变化,把开发区的歌唱得更响、更动人。

第七章

四大思路　寻路发展大征迁

2003 年 4 月,许金忠也以市长助理身份接任许建国职务,任开发区党委书记、管委会主任之职。许金忠主任到任后立即开展调查研究,广泛听取意见,制定开发区发展的决策。

这个时期开发区管委会的班子组成是建区以后最强大的时期,有五位副主任在位配合工作,分别是周利德、金中一、程光法、沈月康、褚宝良,他们既按照班子成员的分工,各自在岗位上奋力拼搏,又相互协作配合,成为一个团结和谐的领导班子。

许金忠到开发区任职前是交通局局长,这次的交流任职是他完全出乎意料的事情,深感"压力山大"。正如他在退休以后,受邀回到开发区对干部职工谈在开发区(海昌街道)的工作经历时,就以《突如其来的巨大压力》为题介绍了自己那段时间的工作感受和体会。

"开发区和街道,是我一生工作经历中最重的两副担子。开发区也是我一生中最长的一段工作经历,十个年头九周年。现在回首那段经历,一桩桩一件件惊心动魄的事件,至今还是历历在目,至今仍然感慨万分!"

2003 年 4 月 23 日下午,冯水华书记、赵建明部长亲自送许金忠去开发区报到。

在那间只能坐下十几个人的会议室里,开发区班子成员一起进行了简单的交接仪式。冯书记向开发区班子成员提出了三个方面的要求:"一是要有永不服输的拼搏精神;二是要有精诚团结的良好氛围;三是要有踏实苦干的工作作风。"

许金忠在会上也做了简要表态,一定会以身作则,带领开发区一班人马,按市委、市政府的要求,把开发区的工作做好。他表示:"一是做大、做强、争先,这是开发区的发展目标要求;二是实干、苦干、创新,这是开发区的工作作风要求;三是好学、严管、廉洁,这是对自己和队伍建设的要求"。

到开发区岗位后,许金忠经常会想一个问题,那就是当时市委冯书记为什么对开发区的第一个要求是"永不服输的精神"? 他有些不解,就找机会单独与冯书记进行沟通,冯书记说,你去看看人家开发区,看看人家是怎么做的?

领导的点拨使许金忠顿悟,他带领班子成员先后到嘉善等地开发区去学习取经,比较后发现海宁开发区确实差距还是非常大的,基础条件也差。第一,开发区的办公条件差,十年来一直在碧云路边三间农民房改成的办公楼里,不利于与客商洽谈业务。第二,开发区的干部职工(含临时工、派驻机构)总共只有 37 人,正式在编人员只有 26 人,不仅人手少也缺乏懂得外国语言的人才,除了应付日常事务外没有能向外拓展的余力,更没有适应与国外交流招商引资的人才。第三,开发区没有一块可供招商的净地,从 1992 年到 2002 年的十年间共拆迁 18 户农户,区内缺少可以大手笔引进大企业的大宗土地,且开发区缺少资金用于平台建设,体制中分到的财政收入是 700 万元,还有贷款 1 亿元的负债。

永不服输的精神,背后的含义是承认目前的情况与其他开发区相比已经在起跑线上落后于他人,但这并不是最终结果,开发区要走的路依然很长,要在中途反超他人也绝非不可能!

面对这样的现状,我们如何反超?

"一张白纸可以画最新最美的画。"开发区能画出最新最美的图吗?

那天晚上,开发区的会议室里灯火通明,全体员工聚在不大的会议室里,房小人多倒也是增添了炽热的气氛,大家围绕开发区的下一步发展进行了认真的讨论。

有人说,要解决开发区的土地问题,切切实实地搞好征迁工作,最好是大征迁,腾出土地迎接客商的进入。

有人说,原来的规划格局已经显小,要大手笔重新规划,增加开发区的面积。

有人说,滚动开发已经成为发展的瓶颈,不能再延续下去要搞好基础建设,筑好巢才能引来凤凰,必须张开翅膀迎接八方来客。

还有人说,招商工作不仅要抓好传统产业,更要瞄准高层次的优质企业,要有超前的意识。

…………

俗话说:"三个臭皮匠顶个诸葛亮。"通过大讨论逐渐地厘清了发展的思路,归结为开发区要反超他人,必须要有"大规划、大征迁、大建设、大招商"的工作格局。

白纸已经铺展,但这画又得如何展笔?

开发区提出"大规划、大征迁、大建设、大招商"的"四大"思路。其中"大规划"是需要开发自己提出具体的规划设计宏图;"大征迁"则是需要市委、市政府的领导和市级各个部门的支持,光靠开发区 37 个人是肯定无能为力;"大建设"需要资金的投入,开发区目前资金是捉襟见肘,也需要财政部门的支撑;"大招商"需要人才的运营,需要引进人才。许金忠带着"四大"发展思路,分别向市委、市政府主要领导和分管领导进行了汇报,寻找场外求助。

每个领导听了开发区的工作思路后都表示了充分的肯定,同时也表态将进行研究以支持开发区的工作。

开发区朝霞满天,前景诱人。

新十年开局之初,开发区域内形成了两大组团和五大区块。两大组团即东北组团和西北组团,东北组团包括综合区块和狮岭区块,西北组团包括皮都区块、台商工业园区块和袜业园区块。开发区根据大规划要求,规划出控制面积 50 平方公里的蓝图。

许金忠主任带领班子成员经过调研提出的思路是:招商引资的重点地区是我国的台湾、香港,还有日本和韩国,尤其是台湾地区。计划组织团队赴台招商,同时加强对香港地区,还有日本和韩国的招商工作。

招商的重点:一是皮革产业,主要是皮革及其制品,尤其是鞋业和箱包这些日常用品;二是家纺业,要特别重视上游原料及后道深加工;三是高新产业,主要是电子信息类,要作为今后一个方向,争取有所进展;四是休闲服务业,注意引进投资高尔夫球场、旅游、商贸方面的外商。

招商重点方法是"以商引商",即以现有的客商为依托,通过他们作为中间媒介,帮助介绍新的客商来开发区投资产业,这些客户一般都有自己产业的上下链,把自己上下链接的企业凝聚在一起,对一个行业来说是最有利的大合作方式。因而这也成了开发区招商的法宝,也是招商工作取得成功的有效方法。

这确实是一种成功的经验,这种方法到目前为止,仍然是许多开发区招商引资中的一个大招。当然在那个年代从招商的内容来看,依然是以传统行业为主。

开发区提出了"四大"思路,在全体干部职工中引起了很大反响,也振奋了大家的信心。尤其是开发区的新大楼建造也已经接近尾声,不久就可搬入环境优美的全新办公大楼,这对于十年来一直在那幢陈旧的农民房中办公的干部职工来说,不仅是改善了办公条件,更重要的是提升了开发区的形象,对招商引资来说也是无形中提高了招商工作人员的自信心。

一转眼就要搬迁了。许金忠一直盼望市领导对开发区"四大"发展思路的回复,但不知何因,依然没有消息。

6月11日许金忠决定去向市领导汇报自己的想法并请示工作,下午他径直到了冯水华书记的办公室。冯书记见许金忠不请自来,料想他肯定有什么事,就客气地起身倒水。许金忠摆摆手说:"我一会就走。"

冯书记有些不解,问:"这么着急?"

"我是来还你帽子的。"许金忠笑着说。

这下子冯书记更加不解了,不明白这是啥意思。

"我向你们汇报'四大'思路都已经三个月了,特别是大征迁的事情,你们都说支持,但到现在也没有回应,我工作没法做下去了。"许金忠直截了当地一口气说完。

冯书记这下才明白许金忠的意图,他也笑了并再次详细听取了许金忠的想法。许金忠提出当务之急是要尽快确定开发区"大规划"的方案,立即启动开发区扩容征迁工作,并提出了由市里成立征迁指挥部,主要领导挂帅,由组织部从机关各部门和硖石镇抽调人员集中力量,把开发区规划的50平方公里范围内农户都拆光,为构筑大平台创造最基本的条件。

汇报中冯书记频频点头,最后告诉他马上与几个主要领导商量研究他提出的意见,市委、市政府一定支持开发区的工作。

6月12日上午,张仁贵市长亲自召集徐辉、马继国两位副市长和发改、经贸、外经贸、规划、国土等相关部门负责人会议,商议研究开发区扩容征迁的事宜。当天晚上市委、市政府召开专题会议,正式研究扩容征迁工作,市四套班子"一把手"和市委副书记马维江、组织部长赵建明、副市长徐辉、马继国、张云及有关部门负责人、硖石镇书记许国荣等领导参加会议。会议上统一思想,决定成立市扩容征迁指挥部,由张仁贵市长担任总指挥,马维江副书记担任常务副总指挥,高根忠、陈有富、马继国、许金忠、许国荣等为副指挥,并从市级机关中抽调四十多名干部参与。由此,海宁历史上一场声势浩大的大征迁拉开了序幕。

第八章

树立形象　区街合并从头越

2003 年 8 月,海宁南北大道旁竖立起一幢颇有气派的办公大楼,这就是开发区新建的办公楼,站在海宁大道上远远就能看到海宁经济开发区的醒目招牌。

新大楼虽不是很高,但设计上既有现代风格的洋气,立面清晰层次分明,又不失中国传统建筑的典雅,小桥流水鱼欢跃,杨柳轻摇百花盛,在那里上班全然会有一种让人身心愉悦、耳目一新的感觉。

新大楼不仅给大家释放了心理上的压力,也释放了大家对开发区过去开而不发的情绪,更重要的是给大家树立了信心。

搞经济建设,自身的形象至关重要,或许这就是开发区发展的一个重要节点。

借助开发区大征迁的东风,配合新大楼竣工使用,开发区提出,要落实半封闭管理模式,把开发区当作特区来建设,进一步落实职能。

2003 年 6 月 2 日,时任浙江省委书记、省人大常委会主任的习近平来海宁调研工作,他先后到南排盐官枢纽工程、海宁中国经编针织科技公司、浙江卡森实业股份有限公司、海宁中国皮革城视察,并考察了王国维故居、陈阁老宅、钱君匋艺术研究馆。习近平每到一处都细心地与水利工程人员、企业员工、市场商户亲切交谈,询问企业发展情况和商户经营情况,就转型问题谈方法,就发展问题谈思维,就民生问题谈措施。海宁是皮革之都、中国纺织产业基地,海宁经济实力比较靠前,经济社会发展比较均衡,又有明显的人文区位优势。海宁要在全省率先基本实现现代化方面有所作为,起到示范和表率作用,在今后的发展中要突出地域优势,发挥产业优势,要围绕打造先进制造机体,抓好皮革、精品家纺等特色产业与电子、生物医药、印刷包装等产业的发展,要彻底打破城乡二元结构,加快推进城市化进程。

省委领导的讲话给海宁的经济发展指明了一条可持续发展的阳光大道,给开发区的发展方向点亮了前行的明灯,极大地鼓舞了海宁人民,更是激发了开发区全体干部职工进一步做好工作的决心和信心。

11月16日下午,市委组织召开了海宁开发区和海昌街道全体班子成员会议,由副市长王成林宣读了市委、市政府文件,宣布对开发区和海昌街道体制调整,区街进行合并,海宁市政协主席金富荣和市指导组组长吴甫明先后做了重要讲话。

11月18日下午,在海宁宾馆会议室海宁开发区(海昌街道)召开了机关事业全体干部大会,由街道办事处主任朱海平主持,李海林副书记宣读了班子成员分工、内设机构负责人、内设机构人员安排及联村联企工作安排,许金忠代表党委办事处作了第一个工作报告。

海宁开发区与海昌街道合并,许金忠任开发区管委会主任、海昌街道党委书记之职,市委主要领导明确要他兼顾开发区和街道两头工作,实施一套党委班子,两块行政牌子并存的组织框架模式。

开发区的工作刚有个良好的发展势头,许金忠也感觉可以缓口气,现在区街合并,增加了村和社区的担子,这确实是他平时没有想到的事情。

"街道成立之初连个办公场所也没有,一开始决定在金三角的成教中心看看有没有合适的办公场所。"许金忠和朱海平立即去成教中心察看,那里的教室实在不能适应区街合并后的办公需求,无奈之下只好暂时留在原硖石镇政府办公楼里,"后来市里给我们安排了海宁市散装水泥办公室的办公地方,这才算有了个落脚点"。

区街的合并,工作的方式方法都发生了巨大的变化,以前的开发区是单一的形式,工作是招商,目标是招商,成果是招商,一切工作都是围绕这个主题开展,不用考虑村社的组织关系、经济发展、社会治理、环境保护等基层社会事务。而区街合并后,除了开发区这块工作外,更多的社会事务会压在每个班子成员身上。

曾经在盐仓农业经济开发区担任过副主任的金中一,对区街合并的工作有很深的体会,海宁盐仓农业经济开发区创建时,就曾经把区内的两个村进行了托管,结果这两个村的领导三天两头到管委会汇报社会治理、农业生产、环境保护等问题,更有不少民间纠纷中的当事人指名道姓要找领导解决,很大程度上削弱了开发区领导去完成区内工作目标的精力。

也有几个副主任认为区街合并后,虽说是一套班子、两块牌子,但毕竟是班子成员工作的交叉和重叠,需要相互的支持和配合,工作中必定会出现许多的矛盾和冲突,原本与开发区无关的事务必定会影响原来的工作思路和进程。

想法归想法,工作毕竟要有人去做,干部的天职就是服从命令听指挥,市委、市政府的决定必须服从,并且必须要做好新的工作。

开发区在新形势下开始了全新的工作模式。

第九章

信心倍增　多事之秋新突破

开发区和海昌街道的首度合并,调整了区街干部的工作思路,面对全新的工作模式,大家没有产生畏难心理,而是信心倍增,上下一心,努力把区街发展好建设好。

2003 年是个多事之秋,这一年,一件件一桩桩的重大事件轮番出现在开发区。

春节过后不久,社会层面上就传出中国广东出现传染性非典型肺炎疫情的消息,其后不久即被官方信息证实,这种被称为"非典"的疫情已经发展成为全球性传染病。

4 月 28 日,海宁也开始疯传一个在外地上学的女大学生回海宁时感染"非典"的消息……

"非典"疫情如洪水猛兽让人恐慌,中国政府和地方各级政府迅速开展防疫措施,防止"非典"疫情的蔓延,切实保障人民生命安全。

2003 年是中国加入 WTO 的第三年,出口同比 2001 年 7% 上升至 30%,正值中国国民经济快速发展和复苏的上行周期,经济基本面总体前景良好,但"非典"疫情在全国逐步开始蔓延,各地根据实际情况推出了不同程度的停工、停学、停产等措施,以期阻止疫情发展,这种措施当然也使正常的经济活动受到了制约,国民经济三大产业发展也因此受到影响。

工业领域受"非典"疫情影响后,企业生产经营的防疫成本增加,劳动力、原材料等生产要素流通受阻,正常经营活动无法顺利开展,企业停工停产带来直接经济损失。劳动力和物流受限使得进出疫区的工业原材料和产品运输无法确保按时正常供应,生产和销售高度依赖国内其他省区及海外的部分工业制造企业,因此受到冲击。

开发区同样处在这样的抗疫活动中，"非典"疫情的预防工作全面展开，开发区管委会带领企业开始迅速行动，但企业的生产和出口问题却无法避免。

如何让企业能够把损失降到最小化，能否等到疫情结束就能让开发区这台高速运转的机器以最快的速度正常开足马力，成为开发区全体干部职工面临的重大考验。

企业在困难的时候，开发区尽自己的一切所能帮助解决，使企业在疫情中增强信心。同时开发区以更加积极的态度开展招商引资工作，围绕皮革等特色产业先后洽谈引进了韩国、法国、意大利等多家皮革、家具、箱包等特色企业，与广东、昆山、南京、福建等台商较密集的地区保持联系，收集信息，增加项目信息的储备。把主要工作目标定在我国的温州、台湾等地区，还有韩国和日本等国家，做到内外并举，只要有一线希望，绝不放弃，对有意向的投资商千方百计地做好工作，组织上门招商，增强招商工作的主动性。

通过上下共同的努力，虽然经受到"非典"疫情的严重影响和电力严重紧缺困难，开发区在大力实施扩容升级战略的基础上，积极推动招商引资工作的同时，做好有序用电管理，面对夏季用电缺口近 60%，用电供需矛盾十分突出这一问题，采取了街道与开发区分头管理的办法，各司其职，各负其责，鼓励企业自发电，并出台补助政策，有效地缓解电力矛盾，从而在助力企业经济发展方面依然取得了可喜的成绩。

积极化解资金供求矛盾，在银根紧缩，银行原先承诺贷款无法兑现的困难状况下，千方百计地做好开源和节流两方面的工作，使拆迁、劳力安置、工程建设急需的 2.89 亿元资金得到解决，保证了各项建设的顺利进行，维护了社会稳定。

在这困难接连不断的一年，开发区招商引资实现了历史性的突破，并持续保持良好发展态势。截至 10 月底，合同利用外资突破了 1 亿美元，超过了开发区建区以来合同利用外资的累计额。其中，总投资 1000 万元的项目有 6 个，1—10 月开发区新批投资项目 50 个，批准投资 16.75 亿元，其中新批三资项目 13 个，合同利用外资 1.0118 亿美元，同比增长 854.8%，实际到位外资 476.8 万美元，同比增长 26.98%。

同年，开发区又建成了皮革出口加工区，此后安正时尚、敦奴时装等一大批服装企业进区落户，同时培育蒙努、雪豹等本土品牌向高端、时尚发展，使皮革产品和时尚产业的发展成为当地一张闪亮的"金名片"。

开发区的成绩是巨大的,海宁市委市政府次年5月在开发区举办全市工业项目推进现场会,对开发区的工作予以充分肯定,提出要向开发区学习,学习那种在困难面前勇于进取的精神,扎扎实实地把招商引资工作做好,把落地的企业服务好,把帮助企业尽快地生产作为重要目标抓好。

大征迁是开发区在这十年中一项重要工作,面对困难和挑战,班子成员和工作人员在一线努力工作,用情用心为百姓做实事,得到群众的支持,征迁工作得以顺利进行,没有集体上访等重大事件发生。大征迁将双山乡狮岭乡和半个伊桥乡并入了开发区的范围,开发区提供了优惠的条件、良好的环境,吸引优良的企业到开发区内入驻,开发区经济总量有了极大的发展。

2006年3月,国家发展和改革委员会发布2006年第16号公告:根据《国务院办公厅关于清理整顿各类开发区加强建设用地管理的通知》(国办发〔2003〕70号)和国家发展和改革委员会、国土资源部、建设部《关于印发〈清理整顿开发区的审核标准原则和标准〉的通知》(发改外资〔2005〕1571号)等政策性文件精神,国家发展和改革委员会对已通过土地利用中体现规划和城市总体规划审核并符合上报要求的北京、天津、浙江等22个省(市、区)的省级及省级以下各类开发区进行了审核,按照"布局集中、用地集约、产业集聚"的要求,对其中符合《清理整顿开发区的审核原则和标准》,符合土地利用总体规划,城市总体规划及环境保护规划的110家省级开发区予以公告。

海宁经济技术开发区名列在公告的110家名单中,也就是说海宁开发区通过了这次国家发改委的审核验收,保留省级经济技术开发区,同时,国土资源部核准面积583.8公顷,并予确定了东区和西区的边界。

东区范围是:东至海州路,南至长山河,西至碧云路,北至衡山港。

西区范围是:东至双山路,南至富兴路,西至海宁大道,北至隆兴港。

海宁经济开发区能够通过国家相关部门的审核,保留省级经济开发区,这是对海宁经济开发区工作的肯定,是开发区自身努力工作的成果,也是海宁预料中的事情,但这背后的故事却是当时的开发区领导至今仍然难以忘怀的。时任开发区副主任的程光法提及这个过程,仿佛就是昨天的事情。"为了能够使开发区顺利通过审核,我们和市领导一次次跑北京,跑相关部门,向他们介绍海宁开发区的发展现状,介绍招商引资工作的成果,着重于开发区未来的发展思路和规划。"

中国千年的人文历史中人情味始终深深地浸透到社会的各个角落，无论是哪个层面，以情感人，以情动人，用真诚的情感去捕获他人的支持往往是能够成功的。"通过来来去去的相处，从不熟悉到相识，再到成为帮助指导工作的老朋友，这个过程真的是一个难以忘怀的经历，也给开发区如何与上层沟通提供了经验。"

开发区通过了国家级审核保留了省级开发区的地位，这对海宁来说是一个令人鼓舞的消息，对海宁经济开发区来说更是提升了经济发展的全新平台，如何应用好这个平台，如何在这个平台上唱好经济大戏，成为摆在开发区面前的头等大事。

这是新的起点，省级开发区再次扬帆起航，开发区引进了天通吉成，将装备制造业的"火种"埋入大地。此后，开发区还先后引入红狮宝盛、普泰克金属制品、法国宝捷机电等项目，为培育高端装备制造业积聚了优势。

第十章

突破自我　多举招商抢先机

为响应市委、市政府提出的"干在实处,走在前列"的精神,开发区提出要为全市经济社会跨越式发展作出新贡献的口号,加大了招商引资的力度,力争实现历史新突破。

按照招商引资大项目,培育本土大企业,发展特色大产业的新思路来开展招商引资工作,取得明显成效。东山热电在海宁经济开发区引进后完成建设,是年铺设管道2000余米,对区域内企业实现集中供热。

产业招商——为了延伸拓展皮革产业链,做强做优做大特色产业。开发区拿出300多亩土地给皮革出口园区,建造标准厂房来引进箱包生产企业。同时拿出600多亩土地用于支持蒙努集团、广源化纤、顺达集团、红狮电梯、兄弟实业等本地内资企业的发展,为培育本土大企业迈出了实质性的一大步。同时致力于高新技术项目的引进,先后引进太阳能发电等多个高科技项目,并在获准后进入项目实施。

敲门招商——组织人员赴我国台湾和香港等地区,赴日本、韩国、美国、澳大利亚等国家招商;参加了香港亚太皮展、浙洽会等展会,并重点赴东莞进行了箱包招商,通过多种举措抢占先机,招商工作取得良好成果。

开发区建立了"管委会统筹,项目办协调,各部门负责"的工作机制,健全了两级督查的监督机制,营造了"谋项目、抓项目、促项目"的良好氛围。在项目推进中把73项服务内容分解落实到相关责任部门,从而有效地加快了签约项目的审批、已批项目的前期准备、已开工项目的建设进度,强化安全施工管理,积极主动为项目服务。

开发区的工作一直受到海宁市人大、政协及社会各界的关心和关注,这毕竟是海宁市经济发展中的一个重要平台,指引着海宁各镇和街道的经济发展方向。

客观地讲,这个时期开发区的发展并不算快,所以有人议论说:开发区是滚动开发,现在是开而不发,已经滚不动了。其实这也不能完全是开发区的问题,里面有许多因素阻碍了开发区的发展步伐。如何解决这些问题,把开发区的工作提升到一个新高度,这是关系到开发区能否转型升级,并向国家级开发区进军的一件大事。

2006 年 2 月,海宁市人大常委会组织对开发区进行调研,调研小组对开发区招商引资工作、园区基础建设、产业结构、用地规划设计等情况进行了全面细致的"问诊"。

"望、闻、问、切"是中医进行诊脉的主要方式,人大代表走进海宁开发区,运用中医的诊脉方式,对其进行了全面的调查研究。

望——人大代表走进一线建设基地,直接感受基础建设、了解企业建设中的情况,发现问题并分析原因。

闻——人大代表深入企业,访问企业领导及工人,耳闻企业生产经营情况和困难,收集问题信息。

问——人大代表认真听取开发区情况介绍,有针对性地提出问题,共同探讨研究方案。

切——人大代表认真对开发区的规划以及国家和上级部门对开发区的一些政策要求进行分析比对,查找需要修正工作的地方。

通过全面的诊脉,看到了开发区的成绩,同时也找出了存在的问题。人大常委会对这项工作进行审议后,对开发区的发展建设提出了以下建议和要求。

一是前期规划滞后,开发规模和力度偏小,布局不尽合理。

二是开发区引资质量不高,龙头带动作用不明显,引进高科技产业的企业比重不高,企业污染比较严重,经济总量仍偏小。

三是部分工业功能区尚未形成特色经济,不能有效发挥产业急需效应,影响了知名度、吸引力和竞争力。

四是投资密度低,园区起点层次不高,粗放式利用土地现象比较普遍。

五是建设用地紧张,用地指标严重不足,征地难度越来越大。

六是资金运转不畅,融资难度较大,影响了开发区和工业功能区的进一步开发建设。

七是管理机制不顺,公司运作不尽规范,未完全实现市场化运作。

…………

因此,建议开发区"要优化布局,完善开发区功能、工业功能区发展规划;要按照开发区定位,合理有序开发和集约发展的原则,尽快优化规划布局整合提升,促进开发区功能、工业功能区建设与城市建设良性互动发展;加大招商引资力度,切实提高引资质量,大力引进科技含量高,资源消耗少,环境污染小,投入产出大,对结构调整带动作用明显的项目。各工业功能区要按照各自的产业定位,有针对性地选商招商,走差异化发展之路;要千方百计努力化解用地制约,除了积极向上争取用地指标外,更要充分挖掘市内潜力,优化土地资源配置,推进工业项目向工业功能区集中;拓宽融资渠道,缓解资金压力,要在争取银行贷款支持的同时,努力探索多元化的融资渠道,鼓励市内外企业投资工业功能区开发公司,鼓励民间资本投入开发领域;加快基层基础设施建设,进一步提升发展层次,要继续坚持基础设施先行的方针,集中时间和财力开展好基础设施建设大会战,推进园区社会化、城市化建设,营造良好的创业环境,促进开发区进一步提升发展"。

人大常委会调研中的"望闻问切"诊脉是专家式的会诊,找出了发展中的"毛病",审议意见是一针见血的技术治疗,提出了"使用的药物及治疗方法"。尤其是提到"引进高科技产业的企业比重不高,企业污染比较严重";"大力引进科技含量高,资源消耗少,环境污染小,投入产出大,对结构调整带动作用明显的项目";"各工业功能区要按照各自的产业定位,有针对性地选商招商,走差异化发展之路";"坚持基础设施先行的方针";"推进园区社会化、城市化建设";等等。这些建议的提出,在当时具有先进的理念,对开发区的下一步建设和发展起到了指导的作用,就如同在黑夜中的一盏明灯,给开发区指明了方向。

时隔16年的今天,开发区的许多工作依然留着这些意见和建议的印痕,当然这些建议,开发区经过传承创新和发展,得到了全新的诠释。

人大常委会的审议意见,对市政府来说是一种鼓励,更是一种动力。开发区按照市领导的指示,对自己前期的工作进行了回顾和总结,并根据国际国内的经济形势,结合自己园区内实际情况修正了发展的规划。

在充满阳光的5月,开发区举办第二届中国海宁·海峡两岸IT产业论坛暨"海宁杯"高尔夫球邀请赛,这是完全有针对性的招商措施,邀请了100多名客商前来参加,主旨在于通过活动结识新的客商,推介开发区投资环境以吸引客商前来投资。

21世纪初，中国的电子信息产品及其装备、设备成为国家发展中的一个主流产业，海宁开发区在自己的定位中，决定要发展 IT 产业并作为规划发展中四大主流产业之一。已经成功举办了首届中国海宁·海峡两岸 IT 产业论坛暨"海宁杯"高尔夫球邀请赛，这项活动也确实取得了一定的成效，最重要的是加深了与参与单位的感情联系，增进了相互间的了解，邀请赛起到了联系和纽带的作用。

中国海宁·海峡两岸 IT 产业论坛的成功举办，给海宁开发区在开阔眼界的同时，对 IT 电子产业的前景和市场有了更深层次的了解，更有针对性地提出发展的方向。不可否认，通过对 IT 信息产业发展的认知，开发区对高科技电子信息的发展充满信心，也为今后的泛半导体产业的崛起奠定了思想基础和认知基础，可以这么说，如果没有这种论坛交流，或许就没有今天开发区高科技项目泛半导体行业的顺利发展。

尖山高尔夫球场上一个个腾空飞舞的白色小球撞击着蓝天白云，也撞击着开发区组织者的心，看似一场普通的活动，却是蕴含了不知多少组织者的汗水和心血。

球在飞舞，开发区与台湾同胞的心也在一起飞舞，共同生长在这个蓝天白云的土地上，同根同脉是两地人民骨肉相连的基础，共同发展实现双赢是两地经济活动的愿景，这些美好的愿望都在小小的白球中冲天而起。

在"九二共识"的大背景下，1993 年 4 月 27 日至 30 日，海峡两岸关系协会会长汪道涵与海峡交流基金会董事长辜振甫，在新加坡正式举行第一次"汪辜会谈"。这是海峡两岸在长期隔断之后的首度正式接触，是两岸走向和解的历史性突破，成为两岸关系发展的"重要里程碑"。

"汪辜会谈"对发展两岸关系及扩大两岸经贸、科技合作和人员往来等各项交流产生了积极的作用，会谈的具体成果直接推动了两岸经贸和文化交流的进一步发展。当年台湾对祖国大陆转口贸易额从 1992 年的 74 亿美元跃升到 170 亿美元，间接投资金额较上年增加约一倍，且台湾的大型企业开始成为投资大陆的主要角色。

1998 年 10 月 15 日，汪道涵与辜振甫再次会面，这是自 1993 年新加坡会谈之后的第二次握手。自此祖国大陆和台湾地区在民间的"三通"（通航、通邮、通商）上不断增多，企业在经济活动中贸易增多，通过这样的活动促进了相互间情感的交流。

2005 年 4 月 29 日,中共中央总书记胡锦涛邀请国民党主席连战率团访问大陆,两党领导人在北京人民大会堂北厅举行了历史性会谈,共同发布"两岸和平发展共同愿景",描绘了两岸关系发展的美好前景,着眼两岸同胞福祉,提出和平发展共同促进两岸经济全面交流合作等愿景。

在如此的时代背景下,开发区这段时间招商的重点是台湾地区,主攻目标是电子产品和高科技项目。

开发区常务副主任周利德这段时间特别忙,心里想的除了招商还是招商,为了一个项目他去北京出差,一住就是 18 天。

在招商引资中,按计划是传统的制造业、服装业、IT 信息产业电子产品等成为主攻方向,对于人大视察中的建议,他是作为重点突破项目进行推进。那一日恰好是星期天,他从外地出差回来,刚捧起饭碗吃了没几口,突然接到以商招商中经常联系的一位客户电话,通报他说有一个企业有意向到海宁开发区投资,而且是电子行业。这一信息让周利德激动不已,按他的话来说:"要营造一个好的环境,给予一块好的土地,制定一个好的政策……一句话,就是要让这些客户来开发区投资。"

现在有企业要来开发区投资,自然是使周利德副主任高兴不已。他立马放下饭碗和妻子打了个招呼,带上还未来得及整理的行装又一次踏上招商的路途。

港商企业首席代表薛先生率八寸晶圆项目来海宁洽谈投资意向,这消息自然是激动人心的事情,对于周利德来说,早就已经忘记了这几天连续出差、疲于奔命的现状,汽车一路奔跑直达上海,接到上海刘顾问以后,直接去上海浦东机场,当香港/上海 KA800 航班落地,周利德才放下心来。

招商引资工作初始阶段,确实存在很大的难度,招商项目如空中楼阁,似乎是难以触摸,也没有方向。所以听到有客商想入户海宁开发区的信息,无疑是给开发区的一个重磅惊喜。当天晚上市领导亲自出面接待,许金忠、周利德等人陪同。第二天将薛先生等四名客人接至海宁,并请海宁交警在屠甸高速出口处帮助管理秩序,以表示海宁对客商的尊重、对招商引资工作的重视。

薛先生等人在海宁做了短暂停留考察,没有答应留下进行深入洽谈,只是说对海宁的营商环境还是比较满意,表示回去认真研究比较后给予回复。

薛先生的"研究比较"四字,隐约给开发区周利德泼下了一盆凉水。所谓比较,实际背后的意思是他们还有其他地方的备份,通过多地的考察比较才能最终选定一个地方作为企业的发展之地。

最终薛先生经过"研究比较"后，没有和海宁开发区达成合作，对于开发区来说，也成为一件遗憾的事情。因为这是一个在当时已经是非常不错的高科技"八寸晶圆"电子产品，虽然不能和现在的纳米级别相比，但在 20 年前，这样的项目已经是顶级科技产品。

遗憾归遗憾，但开发区的干部和职工能在那个年代就有这种引智的意识，有这种先进的招商理念，并且已经在探索实施的路上，不能不说是海宁开发区的一大优势，是一种敢为人先勇于奋进的实践，在某种程度上讲，也是给以后开发区招商引资过程提供了一种思路，引导了一种方向。

在周利德的印象中，曾经也有一家台资企业，当年进行了多次洽谈，研究比较了好久也没有结果，最终还是没有来开发区落户。但现在这家企业却已经入驻开发区了，这是周利德未曾想到的事情，回想起来或许就是当时打下了基础，随着海宁开发区的发展，客商看到了过去不曾看到的营商环境、地理优势、交通条件等方面的变化，权衡再三最终还是来到了海宁开发区。

过去的工作不算白做，至少有客商还记得海宁开发区并且重返而来，这也是一种慰藉。

招商引资一直在奔跑，奔跑的目的实质是一个"抢"字，为了这个"抢"字，开发区的每个干部职工都在拼命奔跑，即使是女同志也在招商引资的跑道上全力以赴地加速，谈及招商的事情，章红缨对自己年三十到杭州抢项目的事情至今仍然记忆犹新。

那是一个特别寒冷的大年三十，天空中飞飞扬扬地飘着雪。此时，章红缨得到省级机关特意传来的信息，有个台商有意想在浙江投资，中午在杭州就餐后下午就与招商人员进行洽谈。闻讯，章红缨旋即跟随市领导冒雪直奔杭州与台商见面。

开发区是市政府经济发展的主平台主战场，招商引资自然一直是每任领导直接关心的重头大戏，每逢重大的招商活动或者重大的项目引进，市领导必定会亲临挂帅。

章红缨一行随领导按时到达了省级机关部门，与杭州等地赶来的同行一起和台商相聚餐厅。

下午海宁开发区按安排次序与台商进行了洽谈，章红缨向对方认真介绍了开发区的地理优势、政府出台的优惠政策等，市领导在领导决策层面作了表态,参与人员竭力表现出海宁开发区的诚意以期把台商项目吸引到海宁落地。

台商没有当即表态,等待台商的还有几家在排队等候,这种情况很像现今的招聘会,考官认真听取一个个考生的演讲,然而按自己的标准进行选聘,而每个考生尽己所能去展示自己,不知结果如何?

按中国的风俗习惯,年三十晚上一家人团聚都会早早就开席吃年夜饭,边吃边观看中央电视台的春节联欢晚会,在热闹开心的过程中走进新一年。

章红缨掸去一身雪花回到海宁家里时,已经是晚上7点多钟,肚子在咕咕叫唤,她一个人草草吃了饭,对她来说是一顿终生难忘的年夜饭。天气是寒冷的,但她的心里却是热乎乎的,因为心里还存在着那么一种希望,或许自己的付出会得到很好的回报。

第十一章

结亲上海　借梯登高漕河泾

2009 年 12 月,海宁经济开发区迎来了一个重要的发展机遇,上海漕河泾新兴技术开发区和海宁开发区"结亲",创立了上海漕河泾新兴技术开发区海宁分区。

上海漕河泾新兴技术开发区海宁分区的设立,助力海宁开发区的招商引资工作和发展上升到了一个新的平台。

上海漕河泾新兴技术开发区于 1988 年经国务院批准为国家经济技术开发区,1991 年经国务院批准为国家高新技术产业开发区,2000 年又成为 APEC 国际科技工业园区。规划面积 5.984 平方公里,综合经济指标位于全国开发区前列。开发区已形成微电子、光电子、计算机机器软件和新材料等四大产业,建成研究开发、网络运行、金融数据、技术创新四大中心,正在建设"双优园区""数字园区""国际园区"三大园区。漕河泾开发区同时享受经济技术开发区和高新技术开发区的优惠政策,是经国务院批准的第一批以引进外资、引进国外先进技术、发展新兴技术为主的国家级经济技术开发区和高新技术开发区。

上海漕河泾新兴技术开发区的前身是 1984 年创立的上海漕河泾微电子工业区,1988 年 6 月 7 日,国务院以国函〔1988〕83 号文批复同意上海将漕河泾微电子工业区扩建列为上海经济技术开发区,开发区执行中央、国务院关于沿海经济技术开发区的各项政策规定。

7 月 13 日,上海市人民政府发文将上海市微电子工业区开发公司更名为上海市漕河泾新兴技术开发区发展总公司。

经过十多年的发展,上海漕河泾新兴技术开发区在国际上具有十分重大的影响力,开发区的经济得到了空前的发展,取得令人瞩目的成就。

漕河泾开发区作为上海全球科创中心建设承载区的重要组成部分,同时也是国家级经济技术开发区,在上海市产业园区中占有重要地位。中央领导多次视察,对漕河泾新兴技术开发区的发展给予了高度评价,同时也提出了进一步发展的要求,希望上海漕河泾成为改革开放的先行者,创造经验引领全国的经济开发区不断发展。

一个具有丰富实践经验,汇集大量高新技术产业的上海老牌经济技术开发区,走出去发展的需求十分强烈。

上海漕河泾开发区发展的触角不断延伸。

20世纪末的海宁经济,正在谋求产业的转型升级,为了把海宁打造成为一个经济强市,海宁市委市政府不断改革创新经济发展方式,上下求索八方出招,一个以皮革、经编、家纺等传统行业闻名全国的经济强县(市),引进优质企业的愿望十分迫切。

在这样的背景下,在一个合适的时间、合适的空间里遇到了同样在探索发展中的合适伙伴,一条共同发展的红色纽带将上海漕河泾新兴技术开发区和海宁经济开发区联结在了一起。

一个是国家级的经济开发区,一个是省级开发区,两者似乎是不对等的合作。

改革就是创新,改革就是打破一些不合理的条条框框,破除那些阻碍社会发展的习惯思维,重新创立新的规则。共同的发展理念,共同的发展目标,使两个开发区合作,把不可能变成了可能。

两个开发区的合作就是琴瑟和鸣,必将产生天籁。

那一日,海宁市委书记俞志宏、市长沈利农等相关负责人与上海漕河泾新兴技术开发区领导亮相签约仪式,双方牵手成功。双方在合约上签字的那一刻,漕河泾开发区也由此与海宁开发区共同绘制起发展的宏图。

上海漕河泾新兴技术开发区海宁分区也是上海漕河泾开发区真正意义上"走出去"孵化而成的第一个对外异地投资合作项目,成为沪浙两地建成的首家跨区域合作园区,更是推动产业有序转移和长三角区域一体化协同发展的创新理念在改革中的大胆探索和实践。海宁分区总规划面积15平方公里,双方决定成立分区经济发展有限公司,组织精英人马在海宁这个人杰地灵的宝地发展壮大。

2009年12月17日,在海宁市工商局登记成立上海漕河泾新兴技术开发区海宁分区经济发展有限公司,企业注册资本20 000万元人民币,董事长胡缨是上海财经大学会计专业本科,高级经济师,1988 年 7 月参加工作后先后担任上海临港奉贤经济发展有限公司党委副书记、副总经理、纪委书记;上海市漕河泾新兴技术开发区发展总公司组织处处长、人力资源部经理。2015 年 12 月担任上海市漕河泾新兴技术开发区发展总公司党委副书记、副总经理,公司经营范围包括园区开发、建设、经营管理及房地产开发等。

上海漕河泾新兴技术开发区海宁分区经济发展有限公司,由国家级开发区——上海漕河泾新兴技术开发区发展总公司和浙江经济开发区下属国有公司成立的国有全资公司,从属于上海临港经济发展集团成员,以从事商务服务业为主的企业,作为漕河泾海宁分区唯一的开发、建设、经营和管理主体,负责漕河泾海宁分区内的规划建设、招商引资和园区管理服务等工作。功能涵盖研发办公、制造生产和商务服务,着力打造海宁工业厂房的创新示范项目。时任上海市市长韩正对其寄予厚望:"努力把漕河泾新兴技术开发区海宁分区建设成为特色鲜明、优势突出的高科技产业园区,为推动长三角地区经济结构调整作出新的贡献。"

借梯登高,海宁经济开发区迎来了一轮全新的发展时机。

次年 6 月 22 日,漕河泾开发区发展总公司和英国宇航集团签署"科技绿洲"建设合作协议书。上海市市长徐匡迪、副市长蒋以任等分别会见前英国皇家航空协会会长、英国宇航集团常务执行董事 CHARLES MASEFIELD 爵士一行。

上海的科技绿洲建设为海宁的科技绿洲建设提供了良好的工程样本,由此计划总投资 3.6 亿元的海宁科技绿洲项目在开发区落地,并在 2014 年完成全部厂房及商务楼的建设。

至 2010 年海宁经济开发区初步形成时尚产业、新能源与装备产业、食品与生物医药、电子信息四大产业,这是近二十年的发展进程中,开发区逐渐形成的一种相对定向的发展思路,也是确定发展的一个方向。

第十二章

开足马力　整合资源再出发

　　开发区 40 平方公里总体规划完成方案后,对洛隆路景观规划方案也抓紧实施,这段时间开发区正在对区域内的整体布局进行不断地修正,努力把开发区建设成为一个具有城市美丽景观的现代工业区域。

　　在开发区的发展过程中,不可否认的是,其招商引资是从初始的只要是企业就来者不拒的想法,到相对有选择性地招入有发展前景的优质企业,这个可持续发展的理念是一步步进化的,进步虽小但是具有重大的意义。

　　在招商引资的过程中,对企业有所选择,但招商的本质上却还是一种老方法旧思路,依然是以出让土地,获取土地出让金作为发展的主要手段,这种方法必然是需要以大量的土地作为支撑,没有土地就不能发展。

　　举全市之力的大征迁已经成为过去式,但开发区的征迁工作却始终没有停止过。那段时间里对火炬社区、硖西社区、硖东社区等住户,征迁人员一次次地反复上门做工作,以诚心打动农户,最终 377 户签订了房屋拆迁协议,并且很快就拆平交地后进行了验收。

　　对长山铝氧化厂和狮岭船厂等一些重点企业,征迁工作人员更是不厌其烦地做工作,经过几十次的耐心解释,帮助企业解决实际困难,也使其最终签约。在其影响下,已经进行拆迁评估的 20 家企业也都逐个签订了拆迁协议。

　　开发区一方面是紧锣密鼓地运用各种手段扩大征迁工作的成果,为招商引资中来入驻的企业提供土地资源,保障企业能够安心在开发区建设,另一方面开发区着力从高新技术产业上寻找目标,力争为以后的发展打下良好的基础。

　　2010 年 11 月,经浙江省人民政府批复,同意海宁经济开发区增挂海宁高新技术产业园区牌子,且为省级高新技术产业园区。开发区发展势头良好。

2010 年 11 月 15 日下午,市委组织召开了海宁开发区(海昌街道)全体班子成员会议,由常务副市长沈向宏主持会议,组织部长周红霞宣读市委〔2010〕10 号文件,对开发区、海昌街道体制进行调整,宣布开发区和海昌街道进行分离,许金忠任开发区党工委书记,管委会主任。市委副书记徐辉做了重要讲话,市委常委张顺荣、人大常委会副主任高根忠参加了会议。

人们都还记得开发区和海昌街道的合并是 2003 年 11 月 16 日召开的通报会,而今是 2010 年 11 月 15 日的会议,恰巧是七年前的前一天。开发区和海昌街道历经整整 7 年的合并,一天不多一天不少,区街拆分后,开发区又重新回到了原点,脱离了许多街道社区的事务,可以单纯地在经济发展中甩开膀子,或许也是一件好事。

同年 12 月份,海宁市人民政府向浙江省商务厅提出了关于要求调整海宁经济开发区整合提升工作方案的请示。海宁市政府提出:为建设好省级高新技术产业园区,提高区内企业科技创新能力和综合竞争力,增强园区对地方经济的辐射和带动作用,要求对海宁经济开发区整合提升工作方案做如下调整:

整合提升的区域范围:整合提升区总面积增加 20.2 平方公里,为 133.178 平方公里,其中国家核准面积 5.838 平方公里,已委托管理 11.96 平方公里,拟授权托管 115.38 平方公里(拟授权托管区域面积增加 20.2 平方公里)。共整合六个园区,增加异地整合区块,海宁高新技术产业园区,在整合方式上,采用就近整合和异地整合相结合的模式。

整合提升方案的实际情况就是将尖山新区、袁花太阳能产业园、丁桥纺织产业园、斜桥包装产业园、盐官机电产业园以及高新技术产业园区进行整合。从此,海宁经济开发区的区域范围得到了极大的扩充,无论是面积还是业态的布局都发生了变化。当然,作为开发区的主要区域及发展布局依然没有大的变化。这是海宁市政府考虑开发区如何更上一层楼,如何能够上升为国家级经济开发区而作出的一个重大决策,其目的是显而易见的。

海宁经济开发区的整合提升方案得到了上级部门的批准,至此相关数据的报批也就按此说法进行,从形式上看开发区正在向国家级的目标迈进。

海宁开发区能上升为国家级层面的开发区吗?海宁市政府和开发区朝着那个目标不断地进行努力。

2011 年 2 月,海宁市人民政府对海宁经济开发区职能配置、内设机构和人员编制做了重新核定,明确海宁经济开发区管理委员会内设五个职能科室,分别为办公室、党群工作部、商务部(招商局)、工程建设和城市管理局、经济发展局。人员编制和领导职数中领导职数 7 名,其中主任 1 名,副主任 5 名。机关中层正科(股)级领导职数 5 名,副科(股)级领导职数 7 名。

这是海宁市委市政府给予开发区最大的红包,使开发区在组织框架上理顺关系,构建好组织保障。

开发区重新整装出发,为迎接新一轮的发展目标吹响了进军号。

下篇 十年蝶变 园区跃升新都市

这是开拓进取、创新跃升的十年,开发区在总结前二十年的发展过程中,不断修正存在的问题,针对过去以出让土地为主要方式的经济发展模式及不少已经没有发展前景的淘汰企业,以实事求是的态度和洞察世界发展的锐利眼光,提出全新的发展思路,以壮士断腕的魄力腾笼换鸟,寻找新的发展方向。用现代科学的眼光,引进高科技企业,重新布局园区产业态势,确立了泛半导体产业、航天航空产业、先进制造业、时尚产业四大可持续发展的目标,并朝着这个方向不断前进,取得了令人瞩目的成绩。

经过实践,泛半导体产业在这片土地上腾空而飞,吸引了中国乃至世界的目光,一个从未涉及的新兴产业在园区落户壮大,泛半导体产业入选浙江省"万亩千亿"平台和省首批未来产业先导区培育创建名单。

泛半导体产业园、航天航空产业园、时尚产业园、东区智慧港、漕河泾海宁分区……曾经的荒地上生机盎然重新散发青春,一个个园区及一个个园中园构建了开发区经济发展的宏伟蓝图。

2020 年,海宁经济开发区在 62 家省级经济开发区中名列第一,其中经济规模和发展质量同时位列第一;2021 年,开发区规上工业总产值达 292.01亿元,同比增长 9%;2022 年,区街预计实现地区生产总值 126.5 亿元,城乡居民人均可支配收入达到 6 万元,同比增长 3%。全年完成规上工业总产值297.4 亿元、规上工业增加值 59.4 亿元、服务业增加值 34 亿元,其中战略性新兴产业增加值达 18 亿元,同比增长 18.9%;全年完成固定资产投资 62.02亿元,同比增长 15.9%。

岁月是一首激情的歌,开发区的发展主旋律,在岁月的流逝中,跳动的音节不断创新,区街合并,区域扩大,职能升级,美丽乡村建设,精神与物质双丰收,共同富裕,现代化农业规划和发展……开发区(海昌街道)一个呈现现代工业发展和宜居幸福生活的都市区域以崭新的面貌出现在海宁的东北,把开发区的发展推向了高潮。

第十三章

腾笼换鸟　要素资源市场化

俗话说"铁打的营盘流水的兵"。开发区也是个铁打的营盘,而主要领导则是流水的兵。2012年3月开发区迎来了张月明这个"兵",他接替许金忠任开发区党工委书记、管委会主任。同年同月,陈中权也到开发区任副主任之职。

开发区经过20年的发展已经成为市区的一部分,也已经直接体现海宁市区的发展状况。新官上任迎来了重大的改革,要素资源市场化配置改革在海宁打响,海宁成为全省第一家吃螃蟹的县市。

开发区的传统做法是出让土地,说到底,出让土地是一个好听的名词,其实质就是卖土地,以期买土地的企业正常生产后,获得所交纳的税金来滚动开发区各项社会事务的发展。但土地毕竟是不可再生的资源,如果长期以这种方式招商,它终有一天会枯竭,到那时还能有什么资源可以作为招商的手段?这种方式已经不能适应可持续发展的要求。

时年43岁的张月明属于知识型干部,性格温和、为人真诚,其从财政工作起步,先后担任过海宁市治江围垦管委会副主任、财政局副局长及市政府办公室主任等职,有着财政工作的经验,又善于对土地相关问题展开思考,面对这种近20年的土地出让方式,他备感肩上的责任重,如何寻找出一条既能招商发展,又能不让土地快速地出让完毕的路子,成为他和开发区班子成员时常考虑和探索的问题。

路在哪里?

开发区过去招商引资进来的企业,其实是良莠不齐的。有优质企业,在这些年的发展过程中不断体现出企业的优势,而且是越来越强大。但也有许多的中小企业,在强烈的竞争中已经显示了企业生命的危机,也有一些传统的高污染环境的制革印染等企业，不符合新的环境保护要求，更有一些企业本身就有圈地行为，以地价的飙升赢利为目的，圈地而不开发……凡此种种，使有限的土地资源得不到有效的利用，使土地资源的宝贵价值丧失。

国务院办公厅《关于促进开发区改革和创新发展的若干意见》提出：开发区管理机构作为所在地人民政府的派出机关，要按照精简高效的原则，进一步整合归并内设机构，集中精力抓好经济管理和投资服务，焕发体制机制活力。

2012年3月，海宁经济开发区与尖山新区进行整合，形成一个主体对外招商的联动开发体制，这种整合对于开发区的土地指标或许也是一种优化措施。

如何能最大限度地利用土地资源，让开发区的土地利用率最大化，让确实有发展需求的企业得到土地？

资源有价，资源必须向优质企业倾斜，要达到这个目的唯有改革，改革才有生命力，改革才能出成果。

海宁市在全省率先推行要素资源市场化配置改革，以"亩产效益"为核心，以市场化配置为导向，以差别化措施为手段，通过对企业每亩用地的税收、产出、消耗等因素进行综合考核，用A（A+）、B、C等级对企业进行分类，再按企业类别实施差别化的电价、水价、城镇土地使用税、排污权交易价格等政策进行打分，优先保障高分企业的生产要素供给，亩产效益综合评价和差别化要素配置机制，要让一度被错配、劣配、低效配的要素资源从落后产能里"挤出来"，倒逼出一条高质量的发展之路。

开发区以实际行动开始了要素资源市场化配置改革，对确有发展需求的优质企业，提供土地保障，对不能按亩产需求发展的企业，坚决忍痛断腕，倒逼企业进行改革提升企业的发展。

改革必然会有阻力，自然会有不同的声音出现，原来一些囤积土地却一直不开发，大面积的荒地上杂草丛生，以期土地升值产生经济效益的企业自然会反对，但对于具有发展潜力而苦于土地瓶颈制约的优质企业来说，从中看到的就是希望。

争议和不同的声音是属于改革中的正常现象，要素资源市场化配置改革是开发区的发展方向，没有回旋的余地，必然要一往无前的进军。

在首轮评价中，海宁瑞星皮革有限公司被列入了C类企业。瑞星公司是从事牛皮头层沙发革研制、生产的老牌企业，年生产能力达一亿平方英尺。单从企业报表看,企业盈利能力不弱,但从亩产效益和环境成本来评价,却是一个高能耗、高污染的C类企业。

瑞星2004年创办时,在海宁一下子就拿下了206亩土地,远远超过企业生产所需,这些年来厂区内荒地不少。董事长收到实施要素市场化配置改革文件以后,深感时间紧、任务重。作为C类企业,土地撂荒这一项就得支付昂贵的费用。

有账可算:瑞星企业占地206亩,城镇土地使用税从每平方米3元调整到6元,年增加的土地使用税就是41.2万元;企业原来平均电价为每千瓦时0.908元,进入C类企业后,每千瓦时平均加价0.1元,企业1至4月用电量为2 557 055千瓦时,用电成本就得增加25.6万元,全年约增加80多万元;污水入网实行多因子复合加价收费,按化学需氧量、酸碱度、悬浮物、磷酸盐、氨氮5种叠加收费,企业每年污水排放量512 274吨,排污成本复合加价后,每年污水处理须增加74.28万元;作为C类企业,年度减排任务为企业平均年度任务的4倍,交易排污权价格也上升至基准价的4倍……

算算成本账,董事长自然是焦虑不已。痛则思变,变则能进!

实施要素市场化配置改革后,与瑞星企业有着相同情况的浙江大众皮业有限公司、海宁蒙奴皮革制品有限公司等制革企业,立马根据行业整治要求,淘汰了制革前道工序,拆除烟囱,整合后道生产工序。而瑞星企业则向科技求发展,同时将原来的206亩地块退还政府收储,企业按实际发展需求置换搬入大众皮业腾退的土地上再次创业。

一方受限,必有另一方得益,这是一种平衡。

浙江敦奴联合实业股份有限公司就是得益的幸运儿,企业在要素资源市场化配置改革中喝到了头杯水,那是一杯给企业的甘露水,是一杯给企业注入新生命机能的强劲水,更是一杯企业升腾发展的太阳水,温暖而甜蜜。

2014年春节过后不久,浙江敦奴联合实业股份有限公司的时装文化产业园项目工地出现了忙碌的景象,随着挖土机在工地上的轰鸣,大吨位运载渣土的车辆有序地在空旷的土地上穿梭,虽然还是三九寒冬,工地上却是热火朝天呈现出一派繁忙景象。

开发区主任张月明和董事长吴凌在寒风中来到正在紧张施工的园区工地上,站在工地的施工建设景观图前,吴凌向开发区领导一行,详细地介绍了开工建设的情况。"我们节后就提前开工了,争取能按时竣工,及早投入生产"。

敦奴公司来海宁已经 20 多年，1987 年吴董事长看中了海宁蓬勃发展的皮革产业，携资 6000 万元创立了敦奴企业，专事皮草服装的设计，后从事服装的制造、加工及设计、开发及鞋子、针织品、皮革制品、羽绒制品、箱包、玩具、服饰饰品、木制品、纸制品的生产、销售等。经过数年的打磨，1999 年他瞄准了时尚女装产品，立下壮志要把女装产业做成国内外著名品牌。2009年，注册资金 1.61 亿元重新创立了浙江敦奴联合实业股份有限公司，又经过十多年的发展，终于成为一家从事高级女装设计研发、生产和销售的运营商，在全国大中型城市共开设近 600 家店铺和专卖店，公司旗下品牌有：高级女装品牌 DUNNU，并独家代理法国高端女装 DIDIER PAPAKIAN 品牌。

企业的发展使敦奴公司成了集团，吴凌对集团的发展有了更高的追求，作为一家集开发、设计、生产、销售于一体的专业时装公司，以 DELICATE（精致）、ELEGANT（优雅）、CLASSIC（经典）这三大精神，致力于时尚之美的顶尖设计、服饰之美的美学膜拜、生活之美的理想塑造和心灵之美的欣喜向往。2010 年首度登陆"时装周"举行时尚发布会。2009—2012 年被评选为"市场畅销女装品牌"，屡创璀璨佳绩，稳稳立足于时尚之巅。敦奴的专业和时尚赢得了国内外客户的口碑，虽然那几年服装行业市场情况并不景气，但敦奴的服装却在市场上始终如一地深得用户的喜爱，2014 年的销售收入同比增长逾 30%。

2013 年全公司亩均税收 135.18 万元，亩均销售收入 955.77 万元，亩均工业增加值 315.89 万元，每吨标煤实现工业增加值 20.14 万元……在海宁市工业企业中排名第二，在同行业中遥遥领先，从而被评定为 A+，成为被重点扶持的企业。

敦奴集团很想建设一所集设计、营销、物流于一体的总部园区，投产后每年可以实现销售收入 50 亿元，但苦于开发区用地限制不能如愿。吴凌去找时任市委书记，想请书记出场帮助解决土地问题，结果书记明确告知他无法用行政手段解决企业的土地，必须按政策规定办事。2013 年底海宁实施要素市场化配置改革后，第一轮企业评定等级出来后，他的企业按规定就能解决土地问题了，结果吴凌直接去找开发区管委会沟通，迅速就获得了 199亩用地指标。

让吴凌更为高兴的是，根据要素差别化配置的相关规定，总部园区的供地价格仅为每亩 25 万元，比工业用地招拍挂成交价便宜一半，光土地成本就给他节省了近 5000 万元。同时在筹建审批过程中，开发区给予一路绿灯，并对敦奴总部园区根据土地出让合同规定的方案,对环评、能评、安评、消防、人防、防雷装置、施工图审查等实施承诺备案制,编制报告先建后验,而后海宁市审改办召集发改局、经信局、环保局、消防大队、气象局、住建局等相关职能部门联合审查后公示,全程审查流程仅用了 10 天时间。

吴凌对开发区领导保证,一定争取提前完成建设工程项目,争取提前按计划投入生产。公司准备投资 8 亿元,引进国际先进的流水线和 3000 多套先进设备,实现年产高档服装 800 万套的产能。

这只是开发区要素资源市场化配置改革给企业带来发展机遇的一个缩影。

2013 年 9 月 9 日,时任浙江省省长李强签发了浙政(50 号)文件——《浙江省人民政府关于浙江海宁经济技术开发区申报国家级经济技术开发区的请示》向国务院进行了专报,文件中汇报了申报国家级经济技术开发区的七个方面理由,展望了海宁经济技术开发区升级为国家级经济技术开发区的良好前景和工作目标,并提出了实施开发区发展的具体措施。

浙江省政府向国务院的报告给海宁开发区全体干部职工增强了极大的信心,开发区的各项工作都围绕着升级的方向努力。

谁都知道,一个县级市的省级经济技术开发区如果升级为国家级的经济技术开发区以后,可以享受国家级的政策和红利,开发区的地位和影响将会发生翻天覆地的变化,产生质的飞跃,更会给一个地方的经济发展带来飞速成长的条件,促进一方经济的快速发展。但要达到这个目标并不是一件容易的事情,国务院相关部门的各种发展指标的考量及方方面面的要求,不是站在原地就能唾手可得,必须踏踏实实地提升自己的实力,全方位地开展工作。

海宁经济技术开发区能升级为国家级经济技术开发区吗?这是开发区历史上最大的"腾笼换鸟",一个充满了希望的黄金股价,海宁市的领导和开发区的领导都抱着极大的信心和期望在等待开盘的结果!

2015 年 9 月 17 日,新华社发布了《中共中央　国务院关于构建开放型经济新体制的若干意见》,在这个意见中,中共中央、国务院高屋建瓴地提出了符合中国国情的开放型经济新体制的具体构想和要求,《中共中央　国务院关于构建开放型经济新体制的若干意见》中特别提到了要创新外商投资管理体制和完善内陆开放新机制的目标要求。

在创新外商投资管理体制中强调,改善投资环境,扩大服务业市场准入,进一步开放制造业,稳定外商投资规模和速度,提高引进外资质量。改革外商投资审批和产业指导的管理方式,促进开发区体制机制创新和转型升级发展。

推动开发区转型升级和创新发展。加强国家级经济技术开发区、高新技术产业开发区、海关特殊监管区域以及省级开发区等各类开发区规划指导、创新发展。发挥开发区的引领和带动作用,大力发展先进制造业、生产性服务业和科技服务业,推动区内产业升级,建设协同创新平台,实现产业结构、产品附加值、质量、品牌、技术水平、创新能力的全面提升。推动开发区绿色、低碳、循环发展,继续深化节能环保国际合作。不断改善投资环境,进一步规范行政管理制度,完善决策、执行、监督和考核评价体系,避免同质竞争,努力把开发区建设成为带动地区经济发展和实施区域发展战略的重要载体、构建开放型经济新体制和培育吸引外资新优势的排头兵、科技创新驱动和绿色集约发展的示范区。

在完善内陆开放新机制中强调:"抓住全球产业重新布局机遇,以内陆中心城市和城市群为依托,以开发区和产业聚集区为平台,积极探索承接产业转移新路径……鼓励区域合作共建产业园区,促进内陆贸易、投资、技术创新协调发展。"

《中共中央 国务院关于构建开放型经济新体制的若干意见》的出台,无疑是对中国新形势下如何构建开放型经济新体制的指导性文献,各省市县按中共中央、国务院的意见纷纷根据各自的实际情况,作出了具体的决策。

开发区面对国家的政策要求,又将跨出怎样的步子?

第十四章

开拓创新　泛半导体佳音传

2015 年国庆节过后，陈中权接任党工委书记、管委会主任之职，肩负起海宁开发区的重担。

陈中权从副主任职位提升为主任，在开发区三年多的工作中，他与前两任领导默契配合，逐渐调整开发区的发展方向，取得了一定的实效。他在任开发区副主任前，曾在外经贸局等多个重要岗位上任职，并在商务部外国投资管理司挂职锻炼，有相当的实践和工作经验，成为开发区的主要领导后，他深感责任的重大，肩上的担子确实不轻。

海宁经济开发区的创建在时间上已经不短，也有 20 多年的历史，但客观来说这些年步子迈得并不算大，招商的过程依然是传统的企业居多，科技含量低，发展空间有限，如何在新形势下改变这种现状，是摆在现任领导面前的一个问题。

开发区是一种文化，是将传统的农业产业向现代工业转化的文化。14 世纪欧洲的文艺复兴运动，推动了文化繁荣和发展，并由此推动了欧洲的工业革命，在 19 世纪掀起的第二次工业革命的浪潮，将先进的制造工业以前所未有的发展速度遍及全球，从而推动了世界制造业的进步，使人类进入了电气时代。而 20 世纪的第三次工业革命则是完全刷新了人们对现代工业的认知，进入了一个以原子能、电子计算机、空间技术和生物工程运用为标志的诸多领域的信息控制技术革命。而今世界已经进入第四次工业革命时期，一个以智能化、信息化为标志的信息技术的创新与运用在全球普遍发展。

纵观我国的工业革命，与西方先进国家相比，不得不承认还有很大的差距。中国的工业化道路怎么走？如何在世界智能化与信息化的技术推动之下，以自己的特色推动中国的四次工业革命，将国家的智能化信息化技术来个天翻地覆的突破？

开发区紧跟国家的发展步伐，同样有这样的思考，也有这样的责任！

但海宁开发区的路子怎么走，发展的方向应该朝哪个方位？

陈中权在管委会全体人员会议上提出：要采用引进来和走出去有机结合的招商引资措施，鼓励企业开展科技创新、项目对接、信息交流、人力资源开发等多方面合作，积极做好引资、引智、引技等工作，要将智能化信息化项目作为重中之重来抓，积极开拓国际市场。

纵观 21 世纪全球经济的发展前景，发达国家和地区在产业布局中，都在科技含量上做足文章，以往那些能耗大，附加值低的行业在竞争中不断被淘汰出局，海宁的一些传统的制革行业及其皮革服装等企业污染环境且价值低廉，但占用的能源和土地资源却是非常之多，在市场经济的冲击下显现了先天的不足，不少企业都在自行消退。

面对这种趋势，这位开发区的领导总结了前几任领导的经验，在调查研究的基础上，针对海宁开发区的发展现状，重新对开发区进行了战略规划，提出了"一城五区"的战略定位，特别提出双轮驱动理念，即一方面做精做优做强现有时尚产业，另一方面引进培育战略性新兴产业，这种引智和引技的概念，正是一种符合海宁开发区现实发展的路径，也是当时中国经济社会发展中的全新要求。

引智、引技作为一种战略眼光，对海宁开发区来说，具有现实的意义。

引智引什么？引技又是引什么？

半导体——一个令人眼热的行业进入了海宁开发区的视线。

什么是半导体？半导体是指一种导电性可受控制，范围可从绝缘体至导体之间的材料。说白了就是一种常温下导电性能介于导体与绝缘体之间的材料，自然界中常见的元素半导体有硅、锗等，自然界中常见的沙石就含有大量的硅元素，只要运用技术手段对硅砂进行提炼，就能得到各种不同的半导体材料。

半导体的分类，按照其制造技术可以分为集成电路器件、分立器件、光电半导体、逻辑 IC、模拟 IC、储存器等大类；这些大类型中又可分为半导体制造、半导体核心零部件、半导体核心耗材、半导体装备、半导体核心模组、半导体基础材料、半导体芯片设计、半导体封测、半导体云器件、半导体等；而每一个类别上又可以分化为无数的小类型,小类型下又可化为更小的产业,可以说,这是一个能量无限的行业,是人们生活中不可或缺的,与人们的生产生活息息相关,小到电脑、电视、手机,大到航天航空飞行器,等等,任何地方都离不开这种材料。

半导体元件其品种无穷之多,其科学含量无穷之大,其社会使用价值无穷之广,几乎是包罗万象,是国际上历来竞争极其剧烈的项目之一,其发展前景远大,所以成为国与国之间竞争的核心,标志性的产品半导体、芯片,也就成为衡量一个国家科技进步的标尺。

何谓"泛半导体"?泛半导体在目前尚无明确概论,其实这个"泛"即是广泛的意思,行业普遍认为其突出一个泛字,含义是包括了半导体行业中相关的产品。由此可见,泛半导体产业的前景是如何远大!

作为一个县级城市投资几百亿建设晶圆厂,在资金人才等方面都还不能保障,如何在半导体产业链找到适合海宁的点,开发区经过和专家企业的共商,结合海宁的产业现状,提出搞"泛半导体"就得先从半导体材料、装备、元部件及模组入手,形成相应的产业氛围,再顺势而为引进晶圆厂等重资项目。事实证明,这条道路走得是正确的。

放眼当下,泛半导体产业被誉为世纪黄金产业,也是我们国家重点发展领域。处于沪杭之间的海宁,面临着长三角一体化发展和全省大湾区建设的全新战略机遇,发展泛半导体产业具有得天独厚的地域优势,正可顺势而为。

这是一个目标,是一个适应时代发展需求创造经济财富的目标。

有了这个目标,就得积极作为。

要建立泛半导体产业园,就得有土地,而土地又在哪里?经过多次的调查,终于发现了一块让人心动的区域,那就是曾经给漕河泾预留的区块。

上海漕河泾新兴技术开发区海宁分区自从 2009 年 12 月成立后,总规划面积 15 平方公里,经过多年的发展,引进了不少优质企业,取得了很好的实效。但作为分公司来说,毕竟是个企业,企业的特性必然是追求利益的最大化,没有好的企业,没有好的项目,公司是不会轻易出让土地的,所以在规划预留的 15 平方公里的土地中,还空闲着多年未曾开发利用的土地,这情况与相关政策和合作建设的初衷还是有些距离,让这些土地在开发区转型升级发展的紧要关头发挥出更大的效益,这当然是开发区的首选。

2016 年始,海宁开发区开始聚焦泛半导体专用装备、核心元器件和基础材料,集成电路产业的发展,正式启动泛半导体产业园的建设。为了培育这个产业集群,园区总规划腾出面积 1170 亩,建筑面积 120 万平方米,预计投入约26.2亿元。计划建成5年后,预计可实现年产值超200亿元,税收超20亿元。

同年有一个令人振奋的消息传来,开发区被国家命名为长江经济带国家级转型升级示范开发区。这一命名给开发区带来荣誉的同时也增加了无穷的压力,怎样才能真正做到转型的示范作用?

开发区的领导知道,海宁(中国)泛半导体产业园的开发建设是贯彻落实海宁市委市政府新发展理念、谋划推动经济高质量发展的努力实践,也是海宁经济开发区进一步加快创业创新平台建设,以创新驱动产业转型升级,努力实现工业强区战略的重要举措。

因此,泛半导体产业园定位为高端化、国际化、个性定制化和多功能化的国内一流特色产业园区,注重以更加优质的平台吸引泛半导体领域中技术含量高、发展前景好的境内外企业入驻,努力打造完整产业链,使之成为海宁乃至浙北地区新一代的高新技术产业集聚区和产业转型升级示范区。

海宁经济开发区全方位保障泛半导体产业发展,形成"一套政策、一只基金、一个联盟、一组平台"服务配套体系,形成"一家上市公司、一个领导小组、一个产业规划、一个实施意见、一套扶持政策、一个产业基金、一张招商路线图、一所专业学校"的"八个一"培育模式,实现了泛半导体产业培育全程服务。

泛半导体产业园的建立,立即就吸引了有识之士的青睐,有着敏锐目光的天通人迅速捕获到这一重大信息,立马抢滩科技高地。天通高新集团筹建起天通瑞宏科技有限公司,致力于射频领域的核心元器件——滤波器的研发生产,成为本土第一家在海宁开发区泛半导体产业园区入驻的企业,也成为泛半导体产业链上的一家龙头企业。

天通泛半导体产业园一期项目开始了,开发区给予了极大的支持,从园区的设计到厂房的定制,从环境的改造到企业服务保障,每一个环节都给予精心布局,努力将天通泛半导体产业园打造成为开发区泛半导体产业园的样板园中园。

"这是天通在抢滩元器件领域的一大探索,也是为了加强国内产业供应链配套,增强自身竞争力的考虑。"天通研究院常务副院长张瑞标对成为首家入驻海宁开发区的半导体企业,感到非常自豪。

　　天通人在海宁的经济发展中有着不可磨灭的功绩,这得益于天通集团多年来对中国经济发展的研究和探索,得益于天通人对国家高科技发展前景的信念,当然更是得益于海宁市委市政府对民营企业的支持和鼓励,得益于海宁经济开发区对天通集团的慧眼识金,让这个有着坚定理想的民营企业一步步从小到大,逐步成为中国民营企业的典范。

　　天通瑞宏科技有限公司进驻海宁开发区,是开发区实现为本地重点企业转型升级创造发展的机遇,也是给海宁经济发展作出成效的重要举措。

　　天通高新集团有限公司旗下的天通瑞宏科技有限公司成立于 2017 年 4 月 6 日,注册资金 2.385 亿元人民币,是一家集重点研发、流片生产、封装测试和市场销售为一体的声表面滤波器的高新技术企业,其滤波器广泛应用于移动通信、导航系统、局域网通信等领域,是声学、电学、机械学等高度融合的高科学技术,发展前景无限之好,在无锡、成都、台湾新竹等地均设立了研发中心。滤波器作为射频前端市场中最大的业务板块之一,其市场长期被美、日等国垄断,天通瑞宏科技有限公司以承担国家首批研发计划项目集成电路射频前端声表芯片为契机,大胆进军智能手机芯片领域。2018 年自主研发的第一批声表面滤波器样品成功下线,进入小批量投产试用阶段。

　　天通瑞宏科技有限公司的发展,是天通集团向高科技半导体方向突飞猛进的又一个起点。说是又一个起点,是因为天通集团与泛半导体产业有着非常深厚的渊源,可以说天通集团的发展历程,一直是和半导体这个神秘且不可捉摸的元件相关。

　　天通集团董事长潘建清始终认为:“一个企业要成为行业的领军企业,必须拥有优秀的团队,富有创新的精神,运用科技的力量,自主研发设计,只有这样才能不断地发展前行。”天通集团是这样想的,也是这样做的。

　　天通集团的前身,是海宁一家民营企业,创办于 1984 年 8 月,这个位于郭店镇的小企业花了 1.2 万元引进电子工业部 32 所研制的锰锌铁氧体生产技术,筹建了海宁电子元件厂。

　　同年 10 月 29 日,海宁市计经委批复同意建设海宁电子元件厂。

　　一个小企业,以一种敏感的洞察力瞄准了电子元件这个一般人都不太懂得的产品,开始了艰苦的创业过程,经历过无数次的失败,他们用自己的坚定理念,坚守在这个鲜为人知的行业中。

　　1985 年彩色电视机用铁氧体 UF、E 型磁芯列入海宁市科技发展计划,在上海科技大学协作单位的专家、工程师精心指导下,经过 100 多次试验于当年 8 月得以试验成功。

海宁电子元件厂面对成功没有骄傲,而是向高端产品进军,并于 1985 年底又开发了彩色电视机用滤波磁芯,试制了 UF15、UF19、UF17、EE25 等型号的电源滤波磁芯,从此与半导体相关产业结下了因缘。

经过几十年的探索和发展,天通终于从当初小打小闹,发展到了成为海宁(中国)泛半导体园的龙头企业、成为科技领域的领军者。

2020 年 5 月,第一批自主研发的滤波器全面投产,一定程度上丰富了国内高端手机制造商的市场需求。

2021 年元月,总占地面积 240 余亩的海宁泛半导体产业园天通泛半导体产业基地正式开园,天通集团董事长潘建清,海宁经济开发区(海昌街道)等相关领导参加入园仪式并发表致辞。

入园仪式现场,上海博为科技有限公司负责人何茂平,天通瑞宏科技有限公司负责人沈建松,浙江昱能科技有限公司负责人凌志敏、君原电子科技(海宁)有限公司负责人石锗元等代表入园企业发表致辞。

天通瑞宏科技有限公司正式启用的新厂区现有 2 万余平的超净车间,配备国际前沿的生产设备,在研发创新、技术团队、产业链整合、资金支撑等方面都具备较强的综合实力。

"天通泛半导体产业基地"正式揭牌,标志着天通将全面布局第三代半导体材料及器件,形成一条"装备—材料—器件—模组"完整的产业生态链,产业园区立志打造一个年产值超 50 亿元的世界级电子基础材料和电子元器件制造基地。

远大的目标之下,泛半导体产业园二期项目如期进行。

天通通过实施产业链垂直整合,公司实现了多元化产业发展格局。在天通瑞宏牵头下,天通控股、天通吉成、天通凯美共同协作,合力抢滩元器件领域,形成了装备、材料、器件、模组等声表面波器件的完整生态链。

天通研究院常务副院长张瑞标说,"现在,我们集产品设计、流片工艺、封装工艺、模组封装等全链条于一身,已经形成了射频领域核心元器件的完整产业链。"只有拥有完整的产业链才能在市场有更多的话语权。只有拥有强大的科技力量,才能在市场上有发言权!

天通一期泛半导体产业园的成功建造,也给开发区泛半导体产业园的发展提供了样板、提供了经验,给开发区吹响了一个向科技要市场的进军号。

　　泛半导体产业园的创建，让开发区的发展方向有了更加明确的定位，从那时开始招商的方向也有了重大的调整，目标是高科技企业，方法是精准招商，这个概念的提出将开发区的招商引资提升到了新的高度，招商的门槛提高了尺度。把握好进门关——这也是开发区经过二十多年的探索，找到的一条通往可持续发展的新路子。

　　招商引资向招商引智方向转型，招商沿用了国内国外两条腿的方法，国内瞄准北京、上海、香港、台湾等地，国外瞄准法国、德国、日本等国家，突出高端装备制造和泛半导体产业。

　　招商的困难前所未有，一边是一张白纸等着妙笔生花，一边是自己相对空白的半导体学术领域，怎么办？2017年初开发区招商局成立了泛半导体招商分局，开发区领导对徐磊委以重任，担任泛半导体招商分局负责人，开始集中精力专职开展泛半导体产业招商。

　　踏入对泛半导体行业进行招商的门槛那一刻起，对徐磊来说，真的是压力巨大。徐磊回忆那些招商过程，真的可以用欲哭无泪来形容。

　　首先是泛半导体产业涉及面广，内容繁多，而且许多都是专业的术语，外行人是根本不懂，连名字很多都是没听过的。

　　徐磊到开发区已经是16个年头，这几年一直在招商线上摸索，也积累了许多招商的经验。用他自己的话来说也算是个老兵了，但过去在开发区是从事全方位的招商，招引过制造企业、服装企业、纺织企业、信息产业等，大多以传统产业居多，对于半导体行业来说，确实只能算个新兵。

　　晶圆、硅谷、芯片、20MM、封测……这些半导体行业的专用术语时常出现在招商的路途上，作为半路出家的招商人员常常会陷入十分为难的窘境。怎么办？工作总得有人来做，笨鸟先飞老老实实地拜师学艺才是正道。开发区党工委从班子领导带头学习半导体相关知识入手，引导专班招商人员积极定期开展业务培训和招商实务专业训练，不断提高对泛半导体行业的认知。经过不断地学习终于从不知所措到熟知术语，从茫然无知到主动参谋，慢慢地成为半个"产业专家"，从而在招商引智、招商引才这些过程中得心应手。

　　"半导体行业专业度高，为了能和招商对象对上话，我们要不断学习，至少得听得懂对方的专业术语，从而在面对面的洽谈中，能够让对方感受招商人员的学识和真诚。"徐磊和招商团队有了这些半导体方面的学识，招商时面对企业提出的一些问题和困难能够有的放矢精准答复，以更快更好地解决问题。

有一例子足以说明问题:2018 年中国电子(CEC)高管一行来海宁考察,交流中有一高管提到旗下有一家确安科技公司想在长三角一带选择合作伙伴。这不经意间的话语给海宁开发区提供了信息,也给开发区点拨了一个方向。

确安科技公司是一家集成电路测试服务公司,业务涵盖集成电路晶圆测试、成品测试、设计验证、测试适配器设计加工和整体测试解决方案提供等,具备覆盖高、中、低端芯片的测试能力,并拥有专利和计算机软件著作权 130 余项。

半导体产业有个显著特点,就是产业链相关的企业愿意聚集,一方面是有利于产品的研发和交流,另一方面也是解决产业链的时空距离。确安科技公司是一个潜力股,这个企业对一个地区促进半导体产业链相关企业的集聚具有很大的凝聚力,所以许多地方的半导体产业园纷纷邀请确安科技公司去落户。

确安科技公司在众多的橄榄枝中认真选择,好中选优。

海宁开发区对这个项目很有信心,徐磊等几个招商人员开始主动上门,前往北京进行洽谈。

初到确安科技公司,面对海宁去的招商人员,他们并没有表示出多大的兴趣,招商人员耐心细致地给他们讲解海宁的人文历史和发展泛半导体产业的各项政策,以真诚热情的心态和他们进行了交流。经过多次的接触交往,终于打动了确安科技公司决策人员,双方约定择日到海宁实地考察。

确安科技公司来海宁泛半导体产业园实地考察后,感觉海宁是符合他们发展的理想之地,也有了意向,徐磊团队陪企业项目负责人进行选址并进行商议,对企业提出的土地问题、厂房定制设计和建造、水电交通等诸多问题,一一进行了详细解答。通过一系列的接洽和谈判,精心为企业量身定制整体解决方案,最终使得确安科技公司在 4 个月后就落地海宁开发区。

确安科技公司的落地成为开发区引进优质企业的成功一例。在这个过程中,招商人员打破旧的思维模式,以最快的速度最优的服务展现了海宁开发区的精神面貌,给入驻企业留下了深刻印象。确安科技公司项目负责人说:"确安科技公司到海宁的洽谈过程中,招商人员热心的服务和极高的工作效率给我们留下深刻印象。"确安科技公司落地海宁后很快就顺利投入了生产。

如此快的速度和工作效率,成为海宁开发区招商工作的一个先例,并提升成为招商工作中的一种惯例。

为了适应当代社会快节奏发展的需求,开发区在如何满足各类企业入驻问题上用足了心思,在泛半导体产业园除了企业自建厂房外,园区采用建造好标准厂房提供给企业的模式,为企业提供可以拎包入驻、快速安装设备、及时投产占领市场的条件,对一些特殊企业则按特殊要求量身定制,一切尽可能地为入驻企业提供便捷高效的服务。这种模式有效地解决了各个企业发展过程中的时效问题,对泛半导体项目入驻海宁园区产生了巨大影响力,成为一个强大的磁力而吸引八方企业来落户海宁园区。作为配套的招商工作措施,开发区还在全市第一个成立了配备专项基金,泛半导体产业基金首期投入 3 亿元,并且将在短期内扩大规模至 10 亿元,为产业链崛起提供资金支撑。

开发区在泛半导体产业的指引上,形成了产业园区+基金+项目(人才)的良性发展模式,在半导体行业内有了甚好的口碑,口口相传得到了很好的广告宣传效应,自然就吸引了许多泛半导体产业链接中半导体装备、器件、材料以及封测领域的企业慕名而来。

这些年来,通过项目招引与产业链延伸,海宁经济开发区(海昌街道)引领企业强链固基、补链强本,通过不断引进和培育高新技术企业,已形成以先进半导体装备为主体,高端材料、精密元器件等相关产业为支撑的产业体系,实现产业集聚化程度再升级。

2019 年,海宁市泛半导体产业规上企业 82 家,完成工业总产值 118.37 亿元,同比增长 24.2%;实现工业增加值 20.48 亿元,同比增长 26.3%。

第十五章

科技为先　联链强链加补链

泛半导体产业链的无穷之大，是当今被公认的科学概念，面对如此广阔的前景，海宁开发区在取得卓有成效的基础上没有故步自封，而是找差距求发展，在"链"字上狠下功夫。

泛半导体产业是技术密集型产业，上游企业科技含量的高低决定着下游企业的发展前途，上游的科技含量在某种意义上讲，决定了下游企业的发展和生死存亡。下游企业如果为没有发展潜力的低科学技术的上游企业配套生产服务，不仅没有发展的空间也不会得到很好的经济效益，这就如同一个学生求学之路，能聆听名师讲课自然会受益匪浅掌握更多的知识，反过来如果是得道于滥竽充数的人，自然是学于谬误而误人子弟了，因此上游企业的高科技水准成为下游企业的必选题，这样才能满足下游企业的要求，亦可引领下游企业的科技创新迭代升级不断发展。

说到底，泛半导体科学技术产业链，是一个以科技为先强强联合的行业，是一个一环套一环、一链接一链的高端科学技术与设计、材料及制造、装备与器件、检测及封测等融合在一起的整体，任何一个环节都不可以掉链。

2018年，海宁（北京）泛半导体产业招商（招才）推介会上，海宁市委市政府向全球唱响潮城《海宁欢迎您》的激情"邀请曲"："我们真心希望专家和企业界人士继续关心海宁泛半导体产业的发展，我们真诚欢迎更多更好的泛半导体产业项目选择海宁、落户海宁，共同把海宁打造成为泛半导体高端人才的汇集地与首选地，带动泛半导体产业链企业布局潮城携手共赢。"

作为地方政府的主要领导在泛半导体领域进行全球招聘，这充分地体现了世界闻名的钱塘江畔——海宁的真诚和热情，也给开发区的工作带来巨大的动力。

2018 年 7 月,海宁市人民政府与中国科学院半导体研究所在海宁行政中心举行签约仪式,双方在海宁合作共建海宁先进半导体与智能技术研究院!

海宁发展半导体产业需要政府的支持、资金的投入,同时也离不开技术的输入。作为国内半导体行业最为权威的研发机构,中科院半导体研究所正好能为海宁提供急需的技术、人才等要素支撑。在这一背景下,曾任中科院半导体研究所副所长的陈弘达博士来访海宁,双方可谓一拍即合。首次接触后第 12 天,海宁市委书记朱建军就拍板定下了此事。从 5 月开始,双方就具体合作事宜迅速展开谈判,并商定了正式签约日期。

同年在海宁市科创中心,供中科院研究团队临时使用的总面积约 500 平方米的办公室立马开始装修布局,3 个月后研究院就投入了运营。

中国科学院半导体研究所成立于 1960 年,是集半导体物理、半导体材料、半导体集成电路、半导体光电子器件及应用研究于一体的半导体科学技术的综合性国家级研究所。

该院半导体研究所相关研究团队致力于发展智能技术这一新兴领域,围绕智能芯片技术、智能传感技术、智能装备技术形成了一系列自主知识产权和核心技术,在新能源汽车、生命科学、新一代无线通信等应用领域产生了一批具有国际和国内影响力的科研成果。

海宁以时不我待的决心,以壮士断腕的魄力与中科院半导体研究院合作,这是一个十分必要的选择,对海宁泛半导体产业的进一步发展具有十分重要的现实意义。

双方本着优势互补互利共赢的原则,共同建设先进半导体与智能技术研究院,联合开展先进半导体与智能技术领域的科学研究与应用技术研发,并以研究院为基地,建设先进半导体封装测试服务平台、高端集成电路设计服务平台、先进半导体工艺技术服务平台,申请科研项目和重大课题基金,共同开展面向产业化的科研工作和人才培养,促进双方在先进半导体技术、智能技术及人才方面的全面提升,推动海宁市及长三角地区泛半导体产业的发展。

双方在鹃湖国际科技城合作共建海宁先进半导体与智能技术研究院,海宁市政府为研究院提供 7200 万元的资金支持,陈弘达博士领衔的中科院半导体所 10 人研究团队每年将在研究院工作不少于 6 个月,并在 3 年内逐步扩展至 40 人。

中科院半导体研究所张旭博士说:"选择海宁来落地研究院项目,主要是因为海宁具备一定的半导体相关产业基础,在海宁开发区拥有不断发展的泛半导体产业园,还有海宁天通控股公司等一批泛半导体产业领军企业,且地处长三角地区核心区域,区位条件较好,对中国科学院半导体研究所具有巨大的吸引力,并且研究院所在的海宁鹃湖国际科技城还拥有浙大海宁国际校区,未来能够带来较好的人才优势。"

张旭博士率领研究院科研团队在海宁以"潮"的精神,迸发出极大的创新力量,在短期内就研发出两个集成电路项目并且孵化落地,其中,一个为汽车发动机使用的电压调节器芯片项目已完成研发,该项目相较于市场上的同类产品可靠性有较大幅度提高。另一个则是智慧医疗项目,主要用于心电、体温等监测装置,也已进入临床验证阶段。

借助海宁良好的发展局势,海宁经济开发区紧紧抓住国家"强芯"计划、长三角一体化发展的战略机遇,徐磊带着团队从北斗导航芯片项目、哈工智能机器人产业园等项目"下手",一个个攻坚克难,从项目谈判到最终落户,为每一个项目提供个性化招商方案,并全程设立专班,跟踪服务,秉承"店小二"式的服务理念,最大限度地为项目方提供贴心周到的服务。

与此同时,园区的头部企业和龙头企业纷纷开始做产业链方面的整体布局,京东方、天通等企业的带动效应也开始显现,开发区泛半导体产业招商工作进入了一个良性循环。

这段时间的重点是通过各种渠道收集相关半导体产业项目的信息,有针对性地开展招商工作,以求达到事半功倍的效果。招商人员认真梳理了产业链招商情况,勾画出行业门类的地图并建立了项目信息库。从分析中认为:半导体行业是个高科技的行业,一般企业是很难涉足,因此圈子不大,相应的是许多产业都是链接在一些重点的龙头企业上,是名副其实的链接企业,所以如果把重要的知名龙头企业招入海宁开发区落户,培育其成为开发区的头部企业,那么开发区的集聚效应就会逐渐体现。

一滴彩墨轻轻地飘落在洁白的宣纸上,瞬间就会不断地向外延伸,慢慢地渲染成一片艳丽的云彩。开发区的招商人员就如同这滴彩墨,浸入半导体行业这个令人神往的图画中,逐渐进入了半导体行业的朋友圈,通过以商引商的方法,不断扩大招商的成果提高成功率。经过多年的努力实践,开发区已成功引入天通股份、奕瑞光电、沈阳拓荆、芯盟科技、武汉精测、中车株洲电机等行业领军企业,产业链集聚展现了强势效应。

　　为了打造强大的中国泛半导体产业集群,海宁开发区盯住了更高的目标,要使"中国芯"突出重围,占领世界市场,开发区引进了芯盟科技有限公司,成功研发了全球首颗异构堆叠芯片,为解决芯片卡脖子问题提供了海宁解决方案,成为海宁开发区补链动作的代表,将为泛半导体产业提供芯片制造支持。

　　作为泛半导体产业链上的高端装备制造企业,创新已是浙江芯晖装备技术有限公司的"基因",公司预计在园区内打造6~10款产品系列,并且极速地研发成功了第一款、第二款设备产品,而且具备量产的能力。其自主研发设计的200MM硅片研削机、200MM硅片抛光机和300MM硅片抛光机三款设备具有42项专利,公司研发的晶圆CP检测设备填补了国内同类设备的空白。

　　"花钱买产品的成本可能更低,但技术带来的红利则更大。只有自己在技术路线上多走一步,才能具备竞争力。"浙江芯晖装备技术有限公司人事经理黄拥介绍,预估公司所有项目达产后,年产值可达10亿元。

　　"芯"动能,新蓝海,兴未来。以"芯"为名,这些企业的名称彰显着它们希望在全球芯片市场上争夺一席之地的美好期待,这也是海宁经济开发区泛半导体产业未来的发展方向,2022年,全市有泛半导体产业规上企业129家,完成工业总产值194.81亿元。

　　开发区在发展中最大的特点是理念的提升,这个理念使开发区能够产生创新的工作思路,创新的工作方法。经过与上海漕河泾的合作,开发区的视野有了更大的扩展,在绿洲的招商模式中,开发区学到了全新的招商思路和招商方法。懂得招商不只是出让土地,可以有多种的模式,而出让土地是最原始的一种招商方式,土地资源的特性是不可再生,长此以往必定会有终结的时候。

　　绿洲的模式是以标准厂房出租为主,这种模式是将土地的所有权始终掌控在自己的手中,同时还可以收取租金,这是一个真正的筑巢引凤方式。开发区在借鉴他人经验的基础上进一步完善和发展这种模式,在对引进的企业推行项目经理制,实现企业事项"一揽子"解决、100%代办,做到有求必应的工作流程,对厂房采用定制的方式,按入驻企业的要求从设计规划到建设施工,从内部装修至竣工完成,全程充分听取企业生产需求,最终以"拎包入住"的厂房提供给企业,这样不仅可以解决一些企业投资中资金的问题,也节省了企业建造的时间,使企业入驻开发区后就能更快地投入生产,达到更快地产生利润的效果。

理念的转变使开发区的角色也有了转变，手里掌握着自己的资产——园区里面的一幢幢房产，从单纯的脱手卖地转变为对园区物业的管理，从根本上转变了工作的思路和方法。

与企业配套的宿舍建造起来了，这些公寓房暖心地解决了入驻企业职工的安身问题，安身才能安心，安心才能发展。

为企业解决就餐问题的食堂建造起来了，采用了数字化打卡的就餐方式，自主选择菜品、食用数量自定，以减少浪费，各取所需，费用自动结算。

泛半导体产业园区自持厂房、公寓及配套用房累计总建设面积超 74 万平方米，总投资超 24 亿元。开发区运营公司广泛招聘餐饮服务方面的人才，从一些大酒店聘请了厨师和管理人员来工作，从而真正把园区公寓和餐厅的后勤服务工作打造成了四星级的酒店式管理，提升了开发区的形象。

2018 年 8 月 28 日，海宁泛半导体产业园建设再掀新高潮，总投资 32.9 亿元的产业园（四期）、日本铁三角、公共服务中心三个项目在海宁经济开发区（海昌街道）举行集中开工，进一步凸显泛半导体产业园集群发展效应，促进完整产业链建设。

市委书记朱建军宣布项目开工吹响了海宁向高科技发展的号角，市委副书记、市长曹国良致辞祝贺三个重大项目的开工，并真诚地欢迎八方来客到海宁投资。人大常委会主任姚敏忠、政协主席周红霞等领导参加开工仪式，阵容不谓不大，彰显了海宁发展高科技产业园的至诚之心。

这几年，海宁举全市之力发展泛半导体产业，开发区把培育泛半导体产业作为主平台、主阵地，在泛半导体产业紧紧围绕高质量投资的要求中，坚持"精准化"招商，不断优化产业结构、加速转型升级。把发展泛半导体产业作为主攻方向，高质量招引、高标准规划、高水平建设、全方位保障成效显著。

市长曹国良多次要求开发区要继续紧盯泛半导体产业，精准招商大力引进相关产业项目，并积极推动项目建设。全市各镇街道及各平台紧紧抓住大好时机，以更加饱满的热情、更加扎实的作风，全面掀起新一轮全员拼抢大项目、全面聚焦大项目、全力攻坚大项目、全心服务大项目的新热潮，努力谋求招商引资、项目推进的更大突破。市级各职能部门结合开展的"社情民意大走访、'八八战略'大宣讲、思想观念大解放"活动，以最优的服务、最快的速度靠前指导、无缝对接全程服务，全力保障项目建设顺利推进。

2020 年 12 月，世界 500 强企业中国中车集团看中了这个环境优美、服务规范的开发区，挂牌成立了浙江中车尚驰电气有限公司，入驻定制的厂房后，仅用半年时间就投入了生产，实现了当年入驻当年生产的目标，这种加速度成长的案例给开发区发展创造了良好的口碑，吸引了一大批知名企业把"家"安在了开发区。

2021 年 3 月 9 日下午，浙江省副省长高兴夫带队调研海宁（中国）泛半导体产业园，对泛半导体产业园坚持以科技创新为引领，抢抓机遇的建设做法表示赞赏与肯定。他指出："海宁要立足自身实际，厚植产业优势，整合资源多策并举合力突破。特别要聚焦平台建设，推动优秀企业加快发展，不断延伸产业链、增强竞争力，促进泛半导体产业集聚发展，打造未来产业先导区。"

省领导的指示让开发区进一步明确了方向，开发区的招商模式日趋完善，在疫情严重的时刻，招商人员摒弃传统的面对面方法，运用现代数字化技术，积极推动数字化招商实践，创新开展"屏对屏""线连线"的"云招商"模式，用飞驰的速度抢时间，全力保障招商不松劲、项目不断档、服务不停摆、投资不受阻。在引进沈阳拓荆科技有限公司时，项目刚启动就遇上疫情，招商团队通过与对方微信连线视频会议等方式"隔空"会谈，用锲而不舍的精神赢得企业的信任，把沈阳拓荆科技项目引入了泛半导体产业园。

半导体产品从沙子到晶圆芯片，筛选、熔炼、硅锭、切割、抛光、光刻、掺杂、封装测试，整个流程非常神奇。而浙江庆鑫科技有限公司入驻开发区就是招商中的一个传奇故事，也是开发区对重点项目实行专班全流程服务，真心实意为企业办实事解难题，进一步增强企业信心，助推项目落地投产见效的典型案例。该公司一度并不看好海宁开发区，招商人员与他们交流时也被对方拒绝。招商人员毫不气馁，而是以更加饱满的热情，用真诚的心始终和他们保持联系，用炽热的心去慢慢地融化那块寒冰，在疫情防控期间，招商人员主动为对方寄去口罩等抗疫物资，并关心他们的防疫工作，帮助解决困难，这种真切为企业服务的精神深深地打动了他们，浙江庆鑫科技有限公司通过多方了解和实地考察，看到开发区那么多的企业与他们相关联，对自己产品的链接发展非常有利，由此对海宁经济开发区的营商环境有了极好的印象，真正感到海宁经济开发区是他们发展的首选之地，因此义无反顾地入驻泛半导体园区，不久便正式投产。

每当开发区的干部深入企业走访，帮助解决企业需求时，看到生产车间里工人们有条不紊地进行部件安装、接线、检测,企业实现满负荷生产的情况,他们的脸上就会洋溢着满满的笑容。

这是开发区一步步走出来的成就,自然是一种自豪,更是一种满满的幸福感。

为了给开发区的企业增强发展后劲,开发区未雨绸缪做好了远大规划,加强企业主导的产学研深度融合,强化目标导向,提高科技成果转化和产业化水平,强化企业科技创新主体地位,发挥科技型骨干企业引领支撑作用,营造有利于科技型中小微企业成长的良好环境,推动创新链、产业链、资金链、人才链深度融合。2020 年 5 月 28 日上午,海宁技师学院与海宁经济开发区联合承办的海宁市泛半导体产业新技术应用和发展研修班正式开班。

分别来自天通瑞宏科技有限公司、天通吉成机器技术有限公司、日进精密技术有限公司、浙江欣奕华智能科技有限公司、海宁北斗皓远科技有限公司的 53 名企业的技术骨干参加本次培训。浙江大学、杭州朗科技、上海国金创新技术与企业服务研究中心的专家教授及行业专家亲临现场讲课,为开发区泛半导体产业更好地培育产业对口的高技能人才,提升海宁地方产业的生命力与竞争力。

2020 年海宁经济技术开发区成为浙江省 27 家试点开发区产业链"链长制"试点示范园区之一,同年度开发区获得浙江省级开发区综合考评第一。

半导体产业的国际竞争一直是处于白热化阶段,美国的打压始终瞄准中国,"中兴事件"后又对华为技术有限公司进行了不公的打击,半导体芯片成为世界霸权国家的撒手锏。

2022 年 8 月 9 日,拜登政府正式签署美国参众两院通过的《2022 年芯片与科学法》。该法一方面试图通过提供巨额补贴来增强美国在芯片等领域的优势;另一方面,包含了限制接受补贴的企业在所谓"特定国家"扩大或新建先进半导体制造产能的条款,限期为十年。相关条款与全球半导体产业多年来形成的公平、开放、非歧视的共识背道而驰,违反了美国参与建立的世界半导体理事会(WSC)章程精神,中国半导体行业协会对此表示严重关切和坚决反对。

中国政府的反对声是坚定的,对美国这种霸权行为采取坚决抵制,但对于美国来说,这种根深蒂固的"老大"思维是难以改变的。中国电子领域的创新和芯片的发展没有捷径可走,只有依靠自己的力量,依靠科技的创新发展,才能立于世界高峰。

中国是这样,海宁是这样,开发区当然也应如此。

海宁市政府在探索发展之路,开发区在探索发展之路,或许若干年以后,从海宁开发区芯片领域能够杀出一匹驰骋世界的黑马,开发区大有希望!

为更大力度引进人才,更好汇聚创新资源,搭建优势互补创新合作的桥梁,2022年9月5日至6日由海宁市委组织部、海宁开发区联合主办,海宁集成电路与先进制造研究院、北京罗迅科技有限公司具体承办的光学建模与设计研讨会在海宁浙大圆正国际酒店一楼鹃湖厅举行,这是一场世界顶级专家的设计与研讨会议。来自北京、上海、杭州、宁波等地的多家科技企业、高校学者和光学领域专家齐聚潮城共商产业创新。

研讨会以"光学和光子学创新的光明未来"为主题,由弗兰克·韦罗夫斯基教授主讲。

弗兰克教授是现代光学系统建模和应用开发先驱,国际光学工程学会会员,1994年担任柏林光学研究所全息及衍射光学主任,1996年任命为德国耶拿大学(JENA)技术物理教授,2013年受邀成为我国中科院访问学者,同时受聘为哈尔滨工业大学客座教授。其在衍射光学、全息学、信息处理和光学建模与设计等领域颇有建树,发表学术论文100余篇。

光学和光子学构成了在价值数千亿美元且快速增长的市场中开发商业和工业产品的使能技术,这些应用有着多样化积极广泛应用的前景,包括用于芯片制造的高端光刻、显示器、HUD和VR/AR技术、光纤和其他传感器、电信、健康监测、照明、汽车照明、材料加工、激光雷达、空间技术、军事和绿色技术。这种支持能力被称为"OPTICS TO EVERYTHING"。

建模与设计已成为光学和光子学价值链中不可或缺的关键要素,应用场景的多样性要求最灵活和最强大的建模与设计技术。

弗兰克教授提出了光学和光子学的建模与设计的范式变革以及物理光学建模与设计的突破性概念,并就此同与会的产业界和学术界专家进行了深入交流。

近年来,经济技术开发区始终坚持人才引领,创新驱动发展战略,全力建设人才强势,注重依靠人才和科技提升产业层次,不断推进产业平台的转型升级。

研讨会议程中海宁市委组织部人才办相关负责人进行了致辞并感谢弗兰克教授的到来,海宁开发区管委会负责人向来宾介绍了海宁优越的区位优势与丰富的人文内涵,希望大家多来海宁观光旅游投资兴业,为海宁发展建言献策添砖加瓦。

弗兰克教授也表示:"很高兴能有这样的机会与中国光学领域专家和企业进行交流,光学领域的未来是充满色彩的,期待在未来能有更多的机会与海宁在光学领域开展更多交流与合作。"

海宁泛半导体产业建造中国"芯"的成就是巨大的,成为行业的佼佼者,也被多家媒体关注,《浙江日报》曾以整版《海宁全力打造泛半导体产业"芯"高地》的标题给海宁点赞。摘录如下:"全国的目光再次聚焦在这里。9 月 26 日至 27 日,2020 中国(海宁)半导体装备及材料精英峰会在浙江海宁举办,汇聚院士级专家、行业领军人物等百位嘉宾,共商中国半导体产业高质量发展大计……如今的海宁,泛半导体产业'电力'十足。浙江清华长三角研究院半导体应用技术研究所在海宁揭牌、首届清华校友长三角半导体海宁高峰论坛举行、海宁泛半导体产业园从蓝图变成实景……围绕'泛半导体'这个关键词,海宁抢抓新兴产业发展机遇期、窗口期,着眼高质量发展,把泛半导体产业作为培育重点,加快推动区域经济的新旧动能转换呈现加速度。"

理想晶延半导体设备(上海)股份有限公司正式签约落户开发区凸显了开发区泛半导体产业"以商引商""以链补链"的强劲势头,该公司成立于2013 年,专业从事半导体及泛半导体领域高端装备的研制与销售,主营高效光伏太阳能电池镀膜设备。公司凭借行业首台板式原子层沉积 ALD 设备四代机,配套自主创新的管式 PECVD、硼扩散、POLY-SI 等设备,成为高效TOPCON 电池片镀膜设备主力军,并针对钙钛矿叠层电池成功开发镀膜工艺设备,稳居光伏电池设备市场领先地位。

在全球发展清洁能源及国家"双碳"目标的驱动下,光伏产业迎来高光时刻,也对产能提出了更高的需求,为了适应长远发展,理想晶延通过公司大股东正泰集团引荐落户海宁,依托正泰新能源在太阳能光伏领域的优势,持续同步研发,强化自身在新能源高端装备产业的领先优势,实现技术及市场的"双领先"。

素珀电子科技(上海)有限公司被海宁优良的营商环境和完备的半导体产业链所吸引,选择牵手海宁,陈中权与素珀电子科技(上海)有限公司总经理朱玉东挥毫签约,使得该公司总投资 1 亿元的电子半导体洁净机器人手臂研发及生产项目落户海宁经济开发区。

素珀电子科技(上海)有限公司成立于 2013 年,专注于真空大负载机械手、大气机械手、真空直驱机械手、EFEM、SORTER、真空传送平台等系列产品的研发及生产,公司业务涵盖了半导体、太阳能、LED、FPD 等领域。本次签约项目是在海宁建设国内领先的半导体洁净机械手臂及衍生设备智能制造生产基地,以自有的核心零部件技术为支撑,完成自主可控新一代洁净机械手臂和定制化的 EFEM 及晶圆传片机等衍生设备的量产化及国产化。

海宁(中国)泛半导体产业园区拥有"天通瑞宏、确安科技、拓荆科技、众凌科技、中国电子、立昂微"等几十个头部企业和头部人物,形成了"天通系""芯盟系""欣晖系""大基金系"泛半导体产业"四大系列",积极带动海宁半导体装备产业集聚发展,发挥聚磁效应,广泛吸引战略合作伙伴,一批运用现代高科技技术发展的半导体装备、电子元器件、集成电路设计研发、芯片封装测试、电力电子、半导体照明等头部企业,支撑起开发区泛半导体产业园的一片蓝天,以融合发展助推产业集群高地蝶变跃升。

未来的路还很长,但充满了希望!

第十六章

十年嬗变　深化合作绘新图

　　漕河泾海宁分公司一晃就是十年,并获评嘉兴市接轨上海重点合作平台,海宁科技绿洲迈上新台阶,先后引进浙江光维通信、泰矽微电子、史密斯医疗、紫金港生物科技、乐众信息、兄弟微电子等科技创新型公司企业35家,整体出租面积已达 3.99 万平方米,出租率达到 93.8%,并成功获评海宁市级科技企业孵化器。"漕河泾创营·海宁"众创空间成功引进项目 15 个,并申报嘉兴市级众创空间,通过嘉兴市复评。

　　在新形势下如何让这个给海宁经济增长带来引领示范作用的平台发挥更大的作用,提升两者的战略合作关系,巩固在经济领域获得双赢的成果,双方又开始进行谋篇策划,期待更深度地发展。

　　2019 年 12 月 17 日,又是一个不同寻常的日子。这一天,海宁市委书记朱建军、人大常委会主任姚敏忠、市长曹国良、市政协主席周红霞精神饱满地出现在海宁名力朗豪酒店,参加以"漕海合作谱一体化新篇,区域协同谋高质量发展"为主题的上海漕河泾开发区海宁分区成立十周年成果汇报大会暨"新征程·再出发"启动仪式。

　　这是为努力打响漕河泾海宁分区品牌,推动与上海临港集团顺利签订新一轮战略合作的大会,给海宁经济发展史上增添浓重的一笔彩画。

　　上海市漕河泾新兴技术开发区发展总公司党委书记、董事长桂恩亮、上海市漕河泾新兴技术开发区发展总公司党委副书记、副总经理、海宁分区公司董事长胡缨和浙江省商务厅副厅长房立群到会致辞。

　　回顾十年的上海漕河泾新兴技术开发区海宁分区"联姻"发展过程,与会领导都感受颇深。十年前组建的上海漕河泾新兴技术开发区海宁分区,在海宁历史上写下了辉煌的一笔,把海宁市区北部城郊土地涂鸦为具有现代风味的风景画,昔日原始落后痕迹难以寻找,取而代之的是环境优美、道路宽敞、高楼林立的区街相融、充满了现代气息的园区,绿洲科技园的标识高耸,园区内呈现的是花园式的产业园。

十年间,海宁分区发挥漕河泾品牌效应,吸引了法国宝捷机电、日本JFE、德国索璞、德国艾森曼、日本铁三角、欣奕华科技、哈工智能机器人等一大批优质项目落户。

经过十年深耕,海宁分区已集聚世界500强投资企业4家,主板上市企业3家,全球行业龙头企业5家,上海转移过来的企业占园区企业总数近三分之一。

十年的合作,不仅推动了海宁产业的转型升级,为上海漕河泾开发区建设"飞地园区"树立了样板,为长三角地区跨省园区共建探索了经验,同时也为双方下一轮深度合作奠定了扎实的基础。

对十年的发展状况,上海市漕河泾新兴技术开发区发展总公司党委副书记、副总经理、海宁分区公司董事长胡缨深感满意,她认为十年间两地全方位合作、全资源对接、全领域协作,采用资本紧密型合作模式坚持公司化运作,走出了一条独特的发展之路。海宁分区以"产城融合"的先进理念高标准推进园区开发和管理,全面承接了上海漕河泾开发区的高端科技产业园——"科技绿洲"和众创空间——"漕河泾创营",成为沪浙区域产业协同发展的重要平台和载体,从而推进海宁中法合作产学研园区和海宁中德创新中心的发展,迈向了国际开放新舞台。

海宁市委书记朱建军在大会上致辞,他说:"历经十年打磨和上海漕河泾开发区的合作,为海宁带来了新理念新思维新气象,也为海宁经济转型提升提供强大驱动力。"海宁分区已成为区域一体化的重要样板,海宁期待与上海漕河泾开发区之间,能借助海宁分区这个优质平台,开展更全面、更深入的合作,并且也有信心随着新一轮的战略合作,海宁开发区能够借梯登高,早日争创国家级开发区!

面对海宁分区取得的成效,上海市漕河泾新兴技术开发区发展总公司党委书记、董事长桂恩亮脸上挂满了笑容,他在大会上表示,未来要积极抢抓国家战略机遇,不断发挥优势,改革创新,做到更高站位谋划发展,更深层次推进合作,更高质量实现共赢。要继续擦亮"漕河泾"这块代表优质投资环境、完善园区服务、良好科创文化、高效运作机制的"金字招牌",全力将上海漕河泾开发区海宁分区打造成为省际合作示范园区,为长三角乃至全国跨省共建园区提供先进经验和示范样本。

应邀到海宁出席会议的浙江省商务厅副厅长房立群对沪浙合作给予了充分肯定,他说:"漕海两地应继续发挥互补优势,积极实施全面融入长三角一体化发展首位战略,进一步加强多领域多层次多形式的合作交流,携手共创美好未来打造合作共赢典范。

会上曹国良和胡缨女士签订了深化合作协议,这是海宁与上海的第二次握手。"

以更高的站位、更大的格局、更深的层次来谋划推进新一轮战略合作,这一发展理念成为双方的共识。围绕打造新示范项目、推进国际化发展、推动科创资源融合、构筑最优营商环境、争做改革试验田等五个方面,聚焦"一体化高质量",以产业协同发展为核心,以平台合作共建为重点,以资源互融互通为抓手,加快推动产业跨区域深度对接集群发展,树立战略合作的远大目标。

双方握手间,一批先进的封装光刻机项目、高功率动力电池系统项目、硅基半导体健康照明项目、食品原料项目、导航项目、智能 LED 照明系统 6 个内资项目,以及智能制造产业园项目、热工设备项目、非晶合金应用项目、高端半导体及新能源精密设备项目、基于人工智能的智慧停车应用项目 5 个外资项目集中签约,再一次让漕河泾这个品牌亮出了吸引商界的魅力。

漕河泾·海宁双向科创"飞地"在海宁分区正式揭牌,进一步促进科创资源融合。

"新征程·再出发"启动仪式开启之时,正值中共中央、国务院印发的《长江三角洲区域一体化发展规划纲要》(以下简称《规划纲要》)发布半月之际,这无疑给漕河泾和海宁开发区这对合作伙伴增加了激情,激发了更加深入的合作愿景。《规划纲要》是指导长三角地区当前和今后一个时期一体化发展的纲领性文件,是制定相关规划和政策的依据,此规划期至 2025 年,展望到 2035 年。

《规划纲要》中指出:"建立城乡统一的土地市场。推动土地要素市场化配置综合改革,提高资源要素配置效能和节约集约利用水平。深化城镇国有土地有偿使用制度改革,扩大土地有偿使用范围,完善城乡建设用地增减挂钩政策,建立健全城镇低效用地再开发激励约束机制和存量建设用地退出机制。"

"加快推进沪苏大丰产业联动集聚区、上海漕河泾新兴技术开发区海宁分区、中新苏滁现代产业合作园、中新嘉善现代产业合作园等一批省际合作园区建设,推动产业深度对接、集群发展。"

中共中央、国务院发布的《规划纲要》从国家层面上点明了长三角经济发展的方向,这个指导性文件给正在进一步探索发展方向的上海漕河泾新兴技术开发区海宁分区注入了新的动力,特别是《规划纲要》中明确把上海漕河泾新兴技术开发区海宁分区列入共建省际产业合作园区之中,这是得到了国家层面的肯定,把上海漕河泾新兴技术开发区海宁分区的发展上升为长三角区域一体化发展国家战略的一部分,这是何等激动人心的大事!

上海漕河泾新兴技术开发区海宁分区发展有了更加明确的方向!

开发区与上海漕河泾的合作,让开发区学到了许多新的知识,增加了新的发展理念,使开发区的工作展开了飞翔的翅膀。2021年9月,海宁开发区腾飞而起,在上海漕河泾国际孵化中心举行了"海宁·漕河泾"双向科创飞地上海基地揭牌仪式,正可谓上海可以飞地海宁,海宁也学会了飞地上海,这种双向的飞地实践给开发区拓展了发展的空间,让开发区的发展登上一个更高的层次。

上海市漕河泾新兴技术开发区发展总公司总经理助理黄静、海宁经济开发区管委会常务副主任李振为"海宁·漕河泾"双向科创飞地上海基地揭牌。

"海宁·漕河泾"双向科创飞地项目由海宁经济开发区管委会、上海漕河泾科技创业中心和上海漕河泾海宁分区公司三方联袂打造,聚焦泛半导体、智能制造、信息技术、大健康、新材料等新兴前沿产业,通过两地线上线下科创活动,旨在为入驻双向科创飞地的创新创业团队及企业提供多维度多层次的孵化服务,进一步打通沪浙创新创业资源。

双向科创飞地海宁基地已落户在漕河泾海宁科技绿洲,这次双向科创飞地上海基地的落地,是响应国家长三角一体化发展战略,实现两地科创资源跨区域"联手"的重要举措,也是上海漕河泾开发区与海宁合作成果的有力体现,成为长三角两地间互通的产业资源和协同的产学研的合作运用模式,从而成为真正意义上的"双向"科创飞地。

"海宁·漕河泾"双向科创飞地充分发挥各自优势,为企业营造优良的创业发展环境,推动企业科技创新,促进科技成果转化,实现项目合作方与入驻企业携手创业共同发展。

发展是硬道理,如何发展?引商引智!

2022 年 9 月 7 日,上海临港经济发展(集团)有限公司党委书记、董事长袁国华一行来海宁考察交流,共同探讨平台能级提升、合作区域扩展、产业深度对接等事宜,谋划布局未来发展,打造长三角省级产业合作园区共建典范。

市委书记曹国良陪同,这是海宁及开发区一次高等级层次的交流。

座谈会上,袁国华一行通过宣传片了解海宁经济社会发展情况,听取上海漕河泾开发区海宁分区发展情况介绍。上海漕河泾开发区海宁分区成立十年已发展成长三角高质量发展的先行区,分区已入驻企业 104 家,其中规上企业 43 家,世界 500 强投资企业 4 家,主板上市企业 3 家,全球行业龙头企业 5 家。

海宁与上海的合作源远流长,1909 年沪杭铁路贯通让海宁有了"小上海"的美誉,百年后的 2009 年,海宁开启新一轮接轨上海的航船,上海漕河泾开发区海宁分区成立后,十年耕耘成绩斐然。海宁 2021 年 GDP 达到 1196亿元,规上工业总产值 2441 亿元,一般公共预算 114 亿元,列全国百强县第15 位、科技创新百强县第 7 位。海宁正大力发展泛半导体、生命健康、航空航天等新兴产业。接下来海宁将毫不动摇抢抓国家战略机遇,不断提升合作层级和内涵,形成国家规划纲要的实施方案,创新模式加强国有上市公司合作,探索组建产业基金,推进区域合作向全域合作转变,共同打造长三角省级产业合作园区共建典范。

海宁如此的成绩让袁国华十分震惊,内心深感一个县级城市能够取得这样的成绩着实不易。

袁国华对曹国良说:漕河泾开发区海宁分区是临港集团第一个走出上海的合作项目,意义重大,在海宁的关心支持下,分区从无到有、从小到精,直至写入国家发展战略《规划纲要》,接下来集团将围绕国家战略提升双方合作能级,扩展合作区域,强化合作链条,放大合作能效,同时根据海宁的产业布局,整合集团旗下特色园区和上市公司等资源,在产业、金融、科技、贸易等方面为海宁补链、强链、布链,全面赋能海宁高质量发展。也希望双方共同谋划好未来 3~5 年的发展规划和 1~3 年的具体实施计划,共同创造更美好的未来。

袁国华与曹国良会谈后不久,上海漕河泾开发区海宁分区公司举行被动元器件专用电子浆料项目签约仪式,上海漕河泾开发区海宁分区公司董事长王鸿伟,上海漕河泾开发区海宁分区公司党支部书记、总经理林刚,海宁经济开发区党工委副书记、海宁经济开发区管理委员会主任李振,海宁云荒新材料有限公司总经理蔡良敏等出席签约仪式。

该项目总投资 2.5 亿元,投产后五年内产值可达 20 亿元。项目投资方海宁云荒新材料有限公司是一家专门从事于元器件核心功能原材料——电子浆料研发与生产的企业,是为国内在通信军工车用等高端应用领域提供专业的解决方案,解决国内面临的核心功能电子专用材料卡脖子难题,从而推进国内科技企业基础原材料本土化和实现电子浆料生产制造本土化,开启国产化替代浪潮新征程。

签约合作是持续发挥临港集团和漕河泾特色产业优势筑巢引凤的成果体现,将有力推动海宁分区内相关产业进一步形成集聚效应,助力产业发展。海宁分区公司表示将进一步发挥"漕河泾"品牌优势和高品质园区服务功能,助力企业加速成长。

持续深化与上海漕河泾新一轮战略合作,打响海宁分区品牌,一个拥有电子信息、机械装备、现代服务业的创新园区获评"长三角共建省际产业合作示范园"荣誉称号。

第十七章

工业老区　回眸转身换新颜

　　开发区的发展经过 20 多年的发展出现了好的势头,但发展越快土地瓶颈越突出,开发区要发展,土地问题如何解决?

　　曹国良市长针对开发区的发展用地问题多次到开发区调研,和陈中权及班子成员探讨商量,认为应该从原有的土地范围内进行改革,退二进三把那些已经不适应现代企业发展的制革化工一类的企业进行腾笼换鸟,彻底改变开发区东区旧貌。

　　海宁经济开发区创始阶段,时任市委书记沈雪康把东山大桥以东的开发区定位为工业功能区。首先是承接了硖石城区旧城改造中一些企业单位的搬迁安置任务,从而海宁纺机厂、玩具厂、新华书店仓库、经编厂等一大批工业企业和商业库房都直接搬迁到了那里。而开发区当时的想法也很简单,既然是工业功能区,那么在开发区多搞一些制革厂、化工厂、服装厂、印染厂、纺织厂等一类的传统企业,既是经济发展的需要,也可以提升经济总量。在这样的背景条件下,后来招商引资的项目中,中外合资、台商独资和内资企业中许多是制革、印染、纺织及化工企业,那块区域基本上就成为传统工业的聚集地,而这些企业几乎都是污染相对较重的企业,不少企业占地面积大,厂房以低小散的形式建筑,容积率只有 70% 左右,而土地产出低能耗大,亩均税收仅有 1.4 万元,许多企业由于自身的环境治理能力差,污水排放不达标,空气污染严重,给附近老百姓的生产生活带来严重影响。

　　这些企业在海宁经济发展的长河中也是有过辉煌的业绩,起到了推动海宁经济社会发展的历史作用。但是随着国家对环境保护的标准提高和对土地使用的要求等各方面的变化,这些企业明显已经滞后,与海宁经济社会的发展不相融合,严重阻碍了经济社会的发展。

　　原本是在农村边缘的开发区,没想到这些年城区中心区域不断扩大,开发区属于城市中心相邻地块,由此带来了一系列的问题,导致老百姓意见很大,信访上访增多,影响社会稳定。

　　能否对工业功能区块进行改造升级,使那块黄金宝地发挥更大的效能?答案是:开发区东区必须对产业、平台、企业提档升级,要将有限的土地用在"刀刃"上,实现工业土地"含金量"翻倍上升,这是东区工业功能区的唯一出路。

　　腾笼换鸟,势在必行! 将工业功能区改造为智慧港科技产业园,时不我待!

　　开发区(海昌街道)对智慧港科技产业园的地理定位是:环城东路以西、碧云路以东、硖川路以南、长山河以北,这个区块有设计两座桥与鹃湖新区相通。一幅美丽的发展蓝图呈现在人们面前:智慧港建设稳步推进的同时完善区域控制性详规,重点引进泛半导体、航材精密加工、医疗器械等战略性新兴产业,全力打造一个生产、生活、生态"三生融合"的"智慧港"科技产业园,实现年产值超 300 亿元、亩均税收超 40 万元的发展目标。

　　决心定下,雷厉风行,开发区亮出了转型升级的利剑。

　　2017 年,东区全域改造提升项目全面启动。

　　智慧港的范围内共有 65 家较大企业,开发区对这些企业制定"一企一策"清单后,花费逾 1 亿元对制革前道进行了全部关停,又对区内 46 家企业进行整治提升,同时结合区街"低散乱"整治工作,对这个转型区内的 115 家"低散乱"企业(作坊)进行整治,关停 29 家,改造提升 86 家,拆除违章搭建1200 平方米,拆除老旧报刊亭 2 个,为老工业区块的转型从土地和环境上创造了有利条件。

　　这是开发区历史上一次蝶变的革命,这种以壮士断腕的气魄让许多人一下子难以理解,但这个重大的举措对海宁经济的发展方向却有着举足轻重的作用。

　　时任浙江省省长李强闻讯后决定到海宁召开转型升级的现场会。

　　第二天,李强省长到海宁参加了现场会,充分肯定了海宁斥巨资腾笼换鸟建设智慧港的思路,并给海宁开发区下一步的工作提出了要求,期望开发区通过这次的转型升级,将优质企业吸引进来创造新的业绩。

　　开发区全面贯彻省领导的意见,启动实施市政府提出的《海宁市实施九大专项行动加快"低小散"行业整治提升工作方案》,对这块区域的"低散乱"

企业的专项整治吹响了进军号,倒逼传统产业转型升级,以期将腾退出的发展空间交给高新技术产业,并且列入了倒计时。

旧址上的企业设施分三期全部拆完,将以科技产业、医疗产业、研发中心等现代企业取而代之,这个全新的规划给人以全新的感受。

在收储问题上开发区以实事求是的态度,认真调研客观评估,与企业进行多次沟通,分析问题,解决矛盾,切实保障企业的合法权益,因此,收储和拆迁工作进展顺利。一些企业找准自己的定位,感觉在现有的经济条件与形势下,重要的是提升产业效能,因此对开发区的工作予以拥护和支持。

对于严重污染环境的企业,不管大小一律关停,采用倒逼机制,要求企业进行转型升级。

有些规模不大的中小企业,这些年正在不断地创新发展,前景可现,在收储中他们有想法,认为企业被腾退拆掉了,对于想买土地自己再造厂房的那些小企业开发区不予支持。但对那些企业虽然不大,但发展前景很好贡献也较大的企业,开发区建造了标准厂房租卖给他们,采取这样的方法既解决了企业的生存发展,又符合了开发区蝶变的规划设想,达到了双赢的目的。

事实证明这个方法是对的,留下的这些企业在后来的发展中后劲充足,有的成了上市公司,这个方法延续到现在,还是行之有效的。

"这种政策关键是解决了有发展潜力的小企业的发展问题,这是我们需要扶持的方向。"花国平作为这项决策的参谋人和实施人之一,回忆起这个过程,依然是有些自豪感。"若干年以后,东区智慧港可以在全省推广,因为全省任何一个地方不可能将造好的这么多面积的房子一下子集中全部推光,代价近百亿,这是需要魄力和勇气的,必须要有担当精神才敢去做。"

陈旧的厂房在推土机的隆隆声中轰然倒下飞扬起一片尘土,尘土散去,象征着昔日低能高耗时代的终结。

制革企业被拆除了,印染企业被拆除了,化工企业被拆除了,一些低小散的企业被拆除了……

高耸的吊机上红旗在风中飞舞,曾经那片散发着呛人气味的土地迎来了新的气象,新的大厦不断崛起,成为东区蝶变的历史见证。

曾经的制革厂区块土地上,"智慧港"科技产业园开工建设,绘画出美好的前景。"腾笼换鸟"为海宁经济技术开发区注入新的动能与生机,随着立昂东芯微电子有限公司、芯能研究总部及制造项目、精测半导体等企业和项目的入驻,越来越多的投资项目也紧紧围绕新兴产业的定位接踵而至,东区实现了新旧动能的高质量转换。可以说智慧港的建设发展充分展示了海宁市领导和开发区全体干部职工的智慧和担当。

智慧港科技产业园的创立,是海宁开发区腾笼换鸟实践中的飞跃。

工业功能区的华丽转身,智慧港成为一张新名片,一个集泛半导体基础材料、航材精密加工、生物医药等高科技含量企业云集的产业园,以全新的画卷展现在人们面前。

一个阳光明媚的下午,王老板走进海宁经济开发区东区,"智慧港科技产业园"的标识吸引了他的眼球,站在具有现代工业信息的建筑群面前,这位曾经在这个土地上创办海宁传统制革企业的老总,心里总是有一种对昔日企业感情的留恋,面对那一幢幢拔地而起的现代化厂房,他在园区内走了一圈又一圈,再也找不到自己企业原来的痕迹,连曾经的地域位置也毫无踪迹。

过去那种熟悉的呛鼻化工气味已经被洁净的空气所取代,燃煤的锅炉成天喷发的黑烟被蓝天白云所替代,厂区内随地流淌的污水变成了绿草遍地、树木成荫的优美环境。

曾经落后的景象已经被今日现代化企业的容颜所置换,可谓是新旧两重天。

王老板在阳光下面对收储区块中已经入驻的立昂东芯等实现新旧动能高质量转换的企业,在惊诧中暗自思忖,感到自己企业能响应政府"腾笼换鸟"的政策及时地转型升级,才走出了一条现代化科技企业的光明大道,这条路是走对了。

2019年,浙江万物工场智能科技有限公司这只大"鸟"飞进了腾出的笼子,"腾笼换鸟"的举措获得了又一具体的收获。

浙江万物工场智能科技有限公司总投资30亿元,园区总占地面积152亩,建筑总面积16.6万平方米,一期投资20亿元,包括智能产品研发、柔性生产等,将打造智能终端产业基地,全部建成达产后可实现年销售20亿元。其落户的原址是海宁一家名为深梦皮革的制革企业,属于海宁前期发展中的传统产业,污染严重产业层次较低,但企业占地面积却不小,企业经海宁智慧港科技产业园开发有限公司收储后,按照万物工场设计的要求进行一番"腾笼换鸟"的改造,终使园区旧貌换新颜。

园区采用全国首创的CRMO模式,进行硬核科技平台建设和运营,成功打造成全省领先的产业发展高地。

万物工场园区是开发区管委会大胆实践,采用与浙江万物工场智能科技有限公司合作的形式,最大限度地运用政府和企业的资源,高效率地完成园区的建设和运营,以快速实现产业的集聚效应。

浙江万物工场智能科技有限公司总经理郝瑞吉回忆当初的进驻过程尚是历历在目,他说:"当年刚来这里的时候环境差厂房陈旧,厂区里面脏乱差,经过两年改造才实现了真正的脱胎换骨。"

面对腾空的旧厂房和肮脏的环境,总经理郝瑞吉调集了公司技术人员和骨干对现场进行勘察,寻找最佳方案,并且对公司发展方向进行定位。考虑到园区有几幢厂房建造时间尚不太久,且能通过改造后重新适应新的使用价值,郝瑞吉决定不搞大拆大建,充分利用原有的旧厂房进行改造,这样一方面可以节约建设成本,另一方面也可以节省建设的时间,有利于更快地使企业投入生产运营。5 幢厂房保留后进行改造升级,通过对旧厂房进行更新换代重换新貌,把研发、测试、智能制造、场景应用、产业配套融于一园,形成"从设计到制造 8 分钟步行"的闭环生态圈。

经过 2 年多的建设,浙江万物工场智能科技有限公司整个园区面貌焕然一新,15 幢大楼拔地而起,新旧建筑统一外墙颜色后显得整洁、庄重、严谨,与现代高科技企业的工作环境相匹配,园区内道路整洁、绿化成荫,公园式环境令人心旷神怡。

园区 1 至 5 号楼旧厂房经过改造后用于智能设备生产、柔性中试线建设、智能装备制造,5 号楼近 2 万平方米成为园区的科创中心和展示产品场所,发挥出研发、办公、展示等相关功能,而新建的 10 幢厂房全部用作行政办公和生产厂房。园区所在地块全部建成达产可实现年销售收入 20 亿元,亩均产值 5000 万元。

郝瑞吉的脸上始终堆满了笑容,他常常觉得自己和海宁经济开发区管委会的合作是走上了一条康庄大道,自己的判断没有错,在与海宁经济开发区的合作过程中,他感受到了开发区的真诚和热情,无论是双方的商洽谈判过程,还是签约前的实地考察,开发区开门见山、实事求是的作风深深地打动了他。由此他用自己的坚定信念做出了到海宁开发区发展的决定。至于签约后的一站式服务,万物工场园区的各项工作不用操心,开发区就全部协助办理完毕,还比自己预计的时间提前了几个月,使企业也得以提前开始运营。园区入驻的几十家企业涵盖了智能终端、芯片、5G 和物联网、新材料、生物医药以及数字智能等行业,其中智能终端行业的入驻企业已经形成了产业上下游的生态互通,完全实现了郝瑞吉当初建园的初心目标。

受新冠疫情的影响,不少企业停摆,但智慧港科技产业园区的浙江万物工场智能科技有限公司柔性制造厂房内却是热火朝天,工人们正全力以赴地将光学检测设备等一台台精密机器运进车间。

这些运进车间去的是 SMT 柔性中试线生产设备,主要是用于手机主板、电脑主板等高科技产品项目,安装好两条生产线就可以满足公司在电子方面的生产需求。

面对精密机器设备的安装,总经理郝瑞吉心里暗自计算着,设备安装调试成功,企业按时投产,预计亩均产值达 5000 万元,可实现年销售收入 20 亿元的业绩。

短短 2 年多时间,全国首创 CRMO 硬核科技产业园区——万物工场园区内的芯片封测、总部大厦等项目已经显山露水。

一个汇集了半导体装备、电子元器件、集成电路设计研发、芯片封装测试等高尖端科学技术的现代科创中心在这片彻底推倒重来的土地上拔地而起,用凤凰涅槃浴火重生的魄力,打造了一个真正的智慧港,开辟了一个科创发展的新天地。

万物工场是智慧园蝶变的一个缩影,科创中心大厦的耸立标志着昔日落后产能的终结和泛半导体产业的崛起,而杭州立昂微电子股份有限公司的入驻,则是让那片土地呈现出更加灿烂的光明前景。

杭州立昂微电子股份有限公司成立于 2002 年 3 月,专注于集成电路用半导体材料、功率半导体芯片、集成电路芯片的设计、开发、制造和销售,已拥有具备硅单晶、硅抛光片、硅外延片、功率半导体芯片等芯片制造能力的完整的集成电路产业制造平台,横跨半导体硅材料、半导体分立器件和集成电路芯片三大细分行业,在国内具有非常大的影响力。立昂微电子股份有限公司在半导体领域不断创新发展,需要寻找广阔的发展空间。

海宁开发区的泛半导体产业发展环境良好,具有创新拓展的广阔空间,立昂微电子股份有限公司经过调研,认定在海宁开发区投资项目是个发展的方向。2020 年 12 月 24 日,立昂微电子股份有限公司与海宁市人民政府、海宁经济开发区管理委员会在海宁市签订了《关于微波射频集成电路芯片项目投资协议书》,项目名称为"微波射频集成电路芯片项目",并注册成立了海宁立昂东芯微电子有限公司。

海宁市非常重视来海宁入驻的"凤凰",将该项目的建设作为"一号工程"来抓。海宁市委书记曹国良亲自带领市长许红莲、副市长杨文华及发改委、经信局、环保局等部门的主要负责人到杭州立昂微电子股份有限公司进行调研,参观了公司产品展示厅,听取首席执行官汪耀祖博士介绍公司概况及公司主要产品并进入生产线参观考察,与王敏文董事长、刘晓健总经理、汪耀祖博士就落地海宁的"微波射频集成电路芯片项目"进行了洽谈。

双方分别成立项目建设领导小组,海宁市政府领导小组由杨文华副市长任组长,协助落实海宁项目;立昂领导小组由王敏文董事长任组长,刘晓健总经理、汪耀祖博士、李自炳总监任副组长,负责海宁项目的前期筹建以及后续运营的各项工作协调与落实。双方落实了海宁项目的工程进度、环评能评以及项目立项等工作的时间节点,积极有效地推进海宁项目的建设。

海宁项目不仅能助力立昂微电子股份有限公司继续打造中国第一家具有大规模产能的微波射频芯片代工生产线,稳步推进射频芯片国产化,从根本上实现国产全球领先的战略目标。同时也推进了海宁开发区招商引智招大招强目标的实现,促进海宁地方经济的发展。

这是一个双赢的项目!

开发区腾笼换鸟让立昂东芯微电子有限公司这只"凤凰"飞了进来,这一重大项目总投资 50.1 亿元,其中设备投资 36.05 亿元,总用地 204.6 亩,新建各类生产及辅助用房 13 幢,新增建筑面积 24.2 万平方米,引进光刻机、干法/湿法刻蚀机、化学气相沉积等设备设施 785 台(套)。项目建成后,年产 36 万片 6 英寸砷化镓/氮化镓微波射频集成电路芯片。其中包括年产 18 万片砷化镓 HBT 和 PHEMT 芯片,年产 12 万片垂直腔面发射激光器 VCSEL 芯片,年产 6 万片氮化镓 HEMT 芯片,可实现年销售收入 29.8 亿元,利润总额 6.9 亿元,亩均税收可达 48 万元。

可喜的数据令人备感鼓舞,这是开发区自 2018 年下半年起,启动东区整体收储腾退、整治提升,因地制宜打造"智慧港科技产业园"的成果。区内已腾退企业 33 家,收储土地 2116 亩,根据"制造强区""智造强区""智慧强区"的产业园定位,着重构建以高端装备、电子信息、生物医药、医疗机械为支撑,现代服务业为纽带的"4+1"产业发展体系,全面完成转型升级,实现年产值超 300 亿元、亩均税收超 40 万元的发展目标。

收储连片化、产业转型高端化、土地效益最大化使"智慧港"形象与效益初步显现,通过布局实施重大产业项目,完善道路路网建设及城市形象设计,一个以高端装备制造、电子信息、工业 2.5 为主,现代服务业为纽带的智慧产业科技园区如一颗新星,在开发区的东区冉冉升起。

第十八章

蝶变跃升　鲲鹏飞进智慧港

提升发展质效,加速新旧动能转换,开发区东区的"腾笼换鸟"如钱塘江的潮水一波推着一波不断前行。

"腾笼换鸟"已经成为人们挂在嘴上的一个时尚新名词,经常出现在政府的文件中。但"腾笼换鸟"是一个系统工程,不是一朝一夕的口号,需要执行者用持之以恒的决心,睿智科学的分析思维,才能真正理解好执行好"腾笼换鸟"的政策。

"腾笼换鸟"的工作中,换"鸟"究竟该怎么换？这些都是摆在开发区管委会面前一个未碰到过的课题,面对各种"笼子"和各种"鸟",绝对是一个艰难的抉择。

开发区领导的思路是:"既要培育发展前景广阔的新兴产业,又要运用新技术改造提升传统产业,让'老树发新芽',促进生产力整体跃升。"

开发区的领导认为,"腾笼换鸟"并不是一味要把传统产业的工业小企业全部淘汰,从而换来大型企业。谁都知道浙江经济的发展过程,绝大多数是从传统企业起步,以密集型粗放型的方式,在改革开放的过程中,用鸡毛换糖的艰辛历程前行生存,并且从小做大逐步发展。如果现在一刀切,把什么传统的"鸟"都全部换掉,既不符合有关政策也不利于社会稳定。"腾笼换鸟"则是按照统筹区域发展的要求,积极参与区域合作和交流,为开发区发展新兴产业腾出空间,并将走出去引进来相结合,引进优质的外资和内资,促进产业结构的调整,弥补产业链的短项,对接国际市场培育新的经济增长点。

开发区管委会的领导经过周密的论证,实事求是地从区域实际出发,对开发区的传统企业和低小散的企业进行了归类,统一思想后决定:"腾笼换

99 of 200（document id: 9787577302331)

鸟"就是要对现有传统企业改变粗放型增长方式,对产业进行转型升级,以新的产业新的体制促进新的经济增长方式,让有限的资源发挥更大的经济效益,把原始的"制造"业提升为"智造"业。

"腾笼换鸟"中最关键的是要让老树发出新芽,展现老树新的生命力,这是海宁经济发展中的重要一环。如何让海宁现有的传统企业成为转换机制发新芽的典型样板,开发区选中了海宁海橡集团,培育企业成为老枝新芽的见证。

说起海橡集团,开发区的许多百姓都不陌生。1976 年在全民办企业的浪潮中诞生了一个性质为"社办企业"的双山公社橡胶制品厂,企业主要生产橡胶鞋底。次年,高中毕业回乡后在双山公社测绘队工作的王周林有幸成为这个企业的工人。王周林工作认真,精心钻研业务又有吃苦精神且善于助人为乐,很快成了企业员工的主心骨,也得到了乡里领导的重视,成为企业的厂长。

为了把企业做得更好,王周林提出将该厂升级为海宁橡塑实业公司,后又更名为海宁橡塑实业总公司,他先后任经理、总经理。

1996 年 11 月 27 日,海宁海橡集团有限公司成立,王周林为法定代表人,海橡集团开始了新的一轮发展。

2004 年,海宁海橡集团有限公司又分设成立了海宁海橡鞋材有限公司,该公司经过全体人员的艰苦奋斗,获得 ISO9001：2000 质量体系认证,"海橡"牌仿革底片于 2007 年荣获"浙江名牌产品"称号,2009 年 3 月"海橡"牌商标认定为"浙江省著名商标",并于 2010 年公司通过"国家高新技术企业"认定,海橡鞋材也获得多项专利证书。公司集开发、生产、销售于一体,年生产"海橡"牌中高档仿革底片大片 300 万片,小片系列 300 万片,橡胶鞋底 500 万双,综合生产能力名列国内同行首位,成为一家拥有总资产超亿元的国内鞋材业龙头企业,橡胶鞋底占领了国内外市场,获得巨大的收益。

2010 年,海橡集团迎来了又一个华丽转身,海宁市在保护环境资源采取五水共治保卫战中,针对全市水污染环境情况及保护城市生活用水资源的相关法律要求,对一批涉及自来水取水口距离不足法定要求的、严重污染河道破坏水域的一些砂石码头、企业等进行清理整顿,海橡集团企业的位置恰在自来水厂取水口河道,其保护距离在法定要求不存在污染企业的范畴之内。海宁市人大、政协多次在五水共治保护水资源的活动中,视察河道并实地查看了海橡集团的企业,针对企业的实际情况提出了整改意见,并建议市政府给予海橡集团异地搬迁安排。

海宁市政府经过研究,发改委发文,以海发改综〔2009〕206号文件做出了《关于海橡集团有限公司异地搬迁的政策处理意见》,海橡集团终于在各方的支持之下,拉开了又一次改造的帷幕。

2014年新厂建成。升级改造后的海橡集团无论是企业规模,还是在技术和产品质量上都迈上一个新台阶。

海橡集团虽说下属有十多个子公司,但其所属行业主要为皮革、毛皮、羽毛及其制品和制鞋业。经营范围包含橡塑制品、革皮制品、电缆、五金模具、轴承、磁性材料、服装鞋帽、纺织制品、印刷、制造、加工、化工原料家用电器、橡胶、轮胎、批发、零售;废旧轮胎、废旧塑料、废旧木架回收;经营本企业自产产品及技术的出口业务;经营本企业生产所需原辅材料、仪器仪表、机械设备、零配件及技术的进口业务;经营进料加工和"三来一补"业务。

从企业经营范围来看,海橡集团有限公司经营的内容多涉及范围广,但主营还是橡塑、服装、纺织等,仍然属于传统的工业行业,科技含量较低附加值也很低。

海橡集团有限公司是不是要"腾笼换鸟"?这个问题摆在了开发区管委会领导的面前,开发区领导在会议上分析了海橡集团的现实情况,统一大家思想。

"海橡集团主打产品在国内鞋业行业已经是一个龙头企业,有30多年的生产经验和广阔的销售网络,其品牌在国内外有较强的知名度,而且鞋材是生活用品中的必需品,市场需求量很大,像这样的企业我们应该支持和鼓励它做得更强更大。更重要的是2013年注册资本5500万元的晶美有限公司成立后,企业的创新产品'橡塑地板'已经形成很大的市场,成为国内较为领先的专业从事PVC地板研发、生产及销售的企业,其产品主要用于建筑物的室内地面装饰,与传统木地板、瓷砖等地面装饰材料相比,PVC地板具有环保可回收利用及安装简便、耐磨、防潮、防滑和防火阻燃等优点,深受欧美市场欢迎,被广泛应用于住宅及商场、酒店、写字楼、医院、学校、体育场馆等公共建筑,其产品出口多个国家,企业的发展具有极大优势。"

开发区对海橡集团的态度非常明确:"这种具有优质发展前景的本土企业,我们应该给予更多的支持,开发区要创造条件让企业转型升级,运用高科技的力量,用科技创新的手段,建设成为拥有现代化技术和设施的一流企业,使企业做得更强更大!"

101

董事长王周林对转型升级也充满了很强的信心，他说要把企业升级成为世界龙头企业，成为上市公司，而且已经在做精心的准备。

王周林和海橡集团有限公司没有让人失望，在企业的改造和转型升级发展过程中，晶美有限公司2017年度被中国建筑装饰装修材料协会评为"中国地板行业十大家装品牌（弹性地板类）"。

2018年度，公司被中国建筑装饰装修材料协会评为"中国弹性地板行业十大品牌（片材类）"，公司拥有自主专利17项，其中5项为发明专利。

同年晶美有限公司更名为浙江海象新材料股份有限公司，王周林任董事长总经理。公司坚持走自主研发和技术创新之路，加大技改投入，引进各类自动化设备，努力进行工艺改造，对工艺进行突破性改进，不断提升产品水准，自主研发的直出工艺顺利实施，提高了产品质量、降低消耗和增产扩能，极大地稳定了产品品质并获得国家发明专利。

公司引进全自动上料设备搭配台湾高品质密炼机，使橡胶车间生产环境有了质的飞跃，大小粉料通过管道输送，后车间环境干净整洁，配方全部由电脑计量和控制，杜绝了人工配料带来的质量波动。同时，黑色、浅色胶料密炼机分开确保颜色无污染杜绝了色差，密炼下来的胶料全部采取自动导胶翻炼，确保每一批胶料混合均匀质量一致。

同时公司改造全自动出片系统，冷却系统，使公司产品厚度控制在±0.1MM的水平，公司引进台湾橡胶硫化设备，现拥有1500T、1200T、800T、650T、200T等各类橡胶硫化设备近百台以满足客户对各种尺寸的需求，现拥有1200×1100MM、1100×1000MM、1080×980MM、1000×1000MM、600×900MM及各类成型鞋底供客户选择。

公司引进德国磨平设备和国内先进的除尘系统，所有产品厚度误差控制在±0.1MM的水平，新配套的除尘设备增大了除尘能力，确保产品表面清洁。

2020年9月30日，海橡集团有限公司在深圳证券交易所中小板敲响A股上市铜钟，作为海宁第十六家上市的公司，浙江海象新材料股份有限公司谱写了登陆资本市场的新篇章。

成功登陆A股市场，是海象新材料股份有限公司发展历程中一个重要的里程碑，海象新材料股份有限公司又以现有的PVC地板高端制造为基础，依托资本市场的助力加大研发投入，加大自主品牌建设力度扩大产品线，打造具有国际竞争力的一流室内装饰材料品牌的龙头企业。

　　开发区的领导和王周林一起敲响了锣声,宣告了海宁开发区的又一家企业破茧化蝶,一家拥有总资产超亿元的国内新材料龙头企业成为海宁开发区的骄傲。

第十九章

最多一趟　服务提质上新高

开发区的招商引资发展的重要一环是服务,这也是每个企业非常看重的要素之一。

为企业搞好服务不是落实在口头上,而是要踏踏实实地落在行动上。

为企业服务是全方位的工作,涉及多条线诸多部门,并不是喊一句口号就能解决的事情。据媒体报道,外地曾经有一个企业为项目的落地,先后找属地政府的几十个部门走各种审批手续,最终也没能办下来。

提高政府机关的办事效率,开展机关效能建设成为政府转变职能的当务之急,其切入点首先就是行政审批环节。

2017 年 2 月,海宁市启动"最多跑一次"改革,先后出台了《海宁市全面推进最多跑一次省改实施方案》《海宁市深化"一窗受理、集成服务"改革实施方案》,以加强顶层设计和制度供给,并紧扣"放、管、服"这条主线将最多跑一次改革与持续优化营商环境,再造体制机制新优势紧密结合,创新开展了一系列改革,并逐步实现网上自助申请,足不出户办执照和下放权力实现镇街"一口办结",推行"大厅一键取号,前台综合受理,后台集成办理,窗口统一出件工作模式"。

2017 年成为开发区在搞好服务中一个新的转折点,为企业服务提到了一个新的高度。那一年,开发区全面实施深化"最多跑一次"改革,新建公共服务审批中心,完成方案设计,全面开展落实项目帮办服务,实施从项目对接到项目落地、建设、投产一站式服务。

在实施"最多跑一次"的基础上,开发区推出了代办服务项目,从而提升服务的内涵,更大程度上推进了为企业服务的力度。可以说代办服务的实施是开发区"最多跑一次"的升级版,是对企业全面服务深化服务的重大改革。

　　为适应代办服务工作,开发区开设了服务窗口,专门组建一支服务团队实行一线办公,与此同时,积极探索非接触式办事模式,深化"代办一人跑",创新"最多跑一人"投资项目经理制,为企业提供代办服务。在服务中不仅是提供企业注册登记、项目立项、施工许可、项目竣工后不动产登记等规定动作,还提供临时借地、办公室租赁、新居民登记等多元化延伸服务,加速项目建设让企业享受到实实在在的改革红利。

　　开发区牢固树立全程为企业、为项目服务的思想,将企业项目建设的全流程服务作为开发区打造一流营商环境的金字招牌,针对园区的每个重点项目情况,开发区落实一名项目专职代办员,企业不用自己再到处去求人,也不用担心审批材料的随时补充,这一切都由项目代办经理一手操办全程服务,企业坐等各种审批手续的完成,可以省下心来全力以赴推动自己企业项目早开工、早投产、早达标。

　　为企业定制服务方案是开发区的一大特色,开发区项目推进办副主任陈龙对企业推进中的服务如何跟进深有体会:开发区成立的一支项目代办服务团队,针对每个重点项目研究如何缩短项目建设周期,为达到这个目标专门落实专职代办员在一线办公中量身定做项目的推进方案,脚踏实地帮助企业一对一地解决实际问题,为企业提供精准的全流程服务,从而加速项目建设。这种代办制度的建立给开发区项目推进创造了很好的优势,使企业减少了许多的麻烦事,有更多的精力考虑企业的发展。

　　代办人员充分发挥自己的主观能动性,积极主动开创性地在涉及招商、规划建设、国土等多个部门的工作内容中,通过多条线并行工作的方式节省时间,以此抢时间抓进度,让企业项目快落地快开工,这种代办服务不仅提升了工作效率,也得到了企业的广泛好评,赢得了良好的口碑。

　　2020年入户开发区的海宁兴谷电子科技有限公司,主营业务为高端医疗电子装备制造,项目总监金升才对开发区的服务工作深有感触:企业看中了当地良好的产业发展前景和后期的优质服务,才选择落户海宁经济开发区。"我们的项目工期比较紧,开发区就为我们开通了绿色通道,仅用一周不到的时间将施工许可证办了下来,这在其他地方是很难办到的。"

　　"最多跑一次"的初衷是为企业审批项目服务而提出来的要求,但为企业服务不仅仅是审批,涉及企业落地后的方方面面,企业在发展中的瓶颈和困难、职工的衣食住行等,对开发区来说,就要以"最多跑一次"服务的精神来帮助企业。

　　理解"最多跑一次",不能拘泥于简单的文字,更不能局限于单纯的文意表述,而是要看到这个为民措施的精神实质。"最多跑一次"就是提升为企业服务的理念,为企业解决实际问题,担当起职能部门的职责,所以说其工作的外延非常广泛。

　　开发区全面理解"最多跑一次"的精髓思想,全力为企业服务,切实帮助企业解决生产生活中的困难,创造性地把全面服务企业作为"最多跑一次"的再升级版。

　　位于泛半导体产业园内专注于新能源装备产业的浙江中车尚驰电气有限公司,由于受疫情影响交通物流受到限制,公司新设备迟迟不能到货,引发了公司产能断缺的问题。了解企业困难后,开发区企业服务中心高度重视主动上前服务,派出一辆大货车火速前往昆山将设施全部运回,同时将对方的安装团队接到了海宁。其间开发区还落实专人提供"点对点""一对一"服务,随时化解设备安装调试中碰到的各种问题,帮助企业渡过难关。

　　浙江凯盈新材料有限公司是一家集研发、生产与销售太阳能电极浆料为主的中外合资高新技术企业,拥有 TOPCON、HJT 低温浆料等最前沿技术与产品,企业一度因订单增多资金占用量大,导致流动资金周转紧张,严重影响企业的生产。

　　开发区企业服务中心主任陈波和他的同事在走访企业、服务企业过程中了解到这一情况后,抱着全心全意为企业服务,为企业排忧解难的宗旨,积极联系金融部门和相关银行,通过多方协调运作,最终由海宁市诚信融资担保有限公司进行担保,成功帮助企业融资 1000 万元,解决了企业无抵押物、无担保就融不到资的难题,解决了企业的资金问题,使企业能够顺利运营。

　　对企业生产中的服务是如此,对企业职工的生活服务同样是如此,把服务企业的每一件事情无论大小都当作自己的事情做好。开发区拓荆键科(海宁)半导体设备有限公司技术总监赵捷来海宁工作后,被海宁的环境所吸引,她意愿做一个新海宁人,就想把孩子一起转到海宁就学,但因是学制的中期转学存在较大困难,自己多方努力仍然无法解决,失望中她抱着试试看的心情找到了企业服务中心。企业服务中心负责人了解赵捷的诉求后,第一时间将情况汇报给了管委会领导,尔后开发区通过和市教育局多次联系沟通,为企业争取到了一个海昌中学的就学名额,帮助赵捷解决了孩子就学难题,以良好的服务实效为挽留技术人才作出了努力。

全方位的服务工作撰写了开发区企业中口口相传的故事,也给在开发区工作的新海宁人留下了深深的印象,提升了营商环境,树立了开发区良好的形象。

把服务工作与环境保护等重点工作相结合,则是开发区的又一大创新,也是对"最多跑一次"的再次升级,成为最新版。

2017年,国务院办公厅《关于促进开发区改革和创新发展的若干意见》中提出:推动开发区实现绿色发展,开发区要积极推行低碳化、循环化、集约化发展,推进产业耦合,推广合同能源管理模式,积极参加全国碳交易市场建设和运行。鼓励开发区推进绿色工厂建设,实现厂房集约化、原料无害化、生产洁净化、废物资源化、能源低碳化。推进园区循环化改造,按照循环经济"减量化、再利用、资源化"的理念,推动企业循环式生产、产业循环式组合,搭建资源共享、废物处理、服务高效的公共平台,促进废物交换利用、能量梯级利用、水的分类利用和循环使用,实现绿色循环低碳发展。

泛半导体产业园区内企业众多,企业集聚区在环保管理中存在"项目主体较多、治污投入重复、监管量大面广"诸多问题,而环保问题则是企业落地发展过程中必须解决的首要条件。环境保护的评估审批等环节又相对比较烦琐,如何给企业解绑给企业更多的服务,开发区在环境保护问题上大胆实践勇于创新,作出了重大决策——对泛半导体园区及入驻企业,在生态环境领域全面实施准入政策简化优化,把产污工段集约集成、治污工程共建共享,将企业污水和固废实现集中治理。

这是一项称为"绿岛模式"的环保工作,是一种全新理念的改革和创新,实施这项工程可以从根子上系统解决园区及入驻企业在环境保护领域面临的一揽子问题。这种"绿岛模式"将服务工作提升到了极致,把环境保护重大课题纳入区内的重点服务工作,创立独特的污染治理共享园区,极大节省了企业项目落地的时间和建设的成本。

通过"绿岛模式",多家企业"捆绑"环评,企业环评编制费可以节省三分之二以上,共享污染治理"绿岛"中的企业治污成本则能减少一半以上。

这是一项为企业提供优质服务的暖企工程,得到了泛半导体产业园中企业的欢迎,特别是企业依托园区管理机构对接环评中介单位的全程代力代跑,企业负责人在整个流程中均不用亲自到园区向区行政服务审批中心进行政策咨询,也不用在环评审批资料报送等过程中"跑腿",真正实现了"跑零次",体现了"最多跑一次"升级版的效力。

  服务永无止境,开发区(海昌街道)在现有的基础上又谋划实施对园区内所有集中治污设施安装在线监控设备和远程应急装置,依托"数智经开"平台,实现企业排污信息数字化监管,打破污染源信息孤岛,让泛半导体园区持续"产"出新动能。

  开发区全力推进群众和企业办事"最多跑一次、就近跑一次、最多跑一人、一次不用跑"的工作作风,切实提高了行政效率,优化了服务质量,开发区(海昌街道)的形象得到极大提升。

第二十章

破茧成蝶　航空航天蓝天飞

航空航天产业听起来就是一个让人神往的行业。筑梦太空,发展我国的航天事业,成为中国人的一个梦想,如今,梦想照进了现实。我国的航空航天事业发展迅速。当我国"玉兔"号踏上月球,嫦娥五号带回月球的土壤;当我国的空间站不断升级,"神十四""神十五"的宇航员在空间站的胜利交会,意味着去空间站已成"班车";当我国向火星进发的"天问一号探测器"进入火星大地,"祝融号"火星车着陆火星乌托邦平原南部,实现了我国首次外行星着陆,为我国的航天事业建立了新的里程碑。

太空是如此的神秘,宇宙是何等的美妙,航空航天事业则又是那么的让人神往!

站在大地上抬头仰望那腾空起飞的"雄鹰",歼-20系列飞机、大飞机C919交付东航使用……看到那蓝天中留下的长长的渐行渐远的白色雾气,不由会让人思绪万千。

航空航天事业是体现一个国家一个民族日益强大的标志,我国打破了西方百年来的封锁和垄断,用自己的智慧创造了"不可能"的可能,破解了西方大国独霸天穹的神话,让自己的航空航天飞行器成为每一位中国人的骄傲。

海宁经济开发区对这个神秘的领域进行了有益的探索和发展,在"智慧港"科技产业园附近,成功创建了航空航天产业园,致力于高尖端产业发展的航空航天产业园已被列入省航空航天产业发展"十四五"规划,一期启动区块项目全部厂房按期竣工。

被列入省航空航天产业发展"十四五"规划的航天航空产业园建设,正是开发区充分挖掘存量资产潜力,推动产业转型升级,开展重大产业平台建设,咬定目标不断做强做大的一次实践。

谁都知道任何一架航空航天飞行器绝对不可能由一个企业独立完成全部配件,必定是许多个相关企业按质量要求合作完成。因此对生产制造航空航天飞行器的企业来说,庞大的产业链相接企业都将是支柱产业。

航空航天科技产业园的创建,为国家飞行器的发展提供了生产基地,也为开发区的产业结构调整和科学布局提出了新的方向,而航空航天产业的发展更是促进了开发区的蝶变跃升。

一个神秘而具有庞大先进制造业的产业,一个让企业心动而有良好营商环境的产业园,自然成为吸引有志企业家的风水宝地。

一家从事航空航天新材料开发与金属增材制造服务等业务的利恩(海宁)科技有限公司就被开发区的良好营商环境吸引而来,创始人刘红宾来自北京,拥有材料加工工程博士、北京市优秀青年工程师等多个头衔。

2020年,该公司总部因业务发展,需要寻找一个新的发展点。当了解到海宁经济开发区在泛半导体产业领域拥有完善的上下游产业链,人才引进政策也非常优厚,刘红宾就抱着满满的信心来到海宁,并借着"潮城精英"创业大赛获奖的机会成功创立了利恩(海宁)科技有限公司。

刘红宾到海宁得到了开发区的全力支持,利恩(海宁)科技有限公司发展态势良好,公司部分核心技术的开发制造达到了国际一流水平,刘红宾对公司的发展充满了希望。

这几年国际国内最令人关心的除了空间站建设,就是中国的大飞机C919试飞消息,这个体现中国航空飞行器高端科学技术的庞然大物在牵动国人神经的同时,让西方一些国家羡慕嫉妒恨。2022年中国航空事业在全球传出令人啧啧称羡的消息,国产大飞机C919经过几年的试飞运营后,正式交付东航开始使用。

这架C919国产大飞机的正式亮相,是中国人的骄傲!

这架C919国产大飞机的正式亮相,机身上的一些配件正是从开发区航天航空产业园的土地上翱翔蓝天,这是海宁经济开发区的骄傲。

这架C919国产大飞机的正式亮相,对于在开发区的红狮宝盛科技有限公司来说,出自该企业员工手中的航空产品零配件能装配到在天空中轰然而过的C919大飞机上,企业为产品的质量入胜引以为傲。

海宁红狮宝盛科技有限公司成立于2005年11月,是红狮电梯有限公司投资3000万元设立的全资公司,企业占地面积80亩,员工700余人,系海宁本土高端技术制造业企业,主要从事航空航天高端装备制造,业务覆盖航空内饰零部件、航空结构件、发动机及短舱零部件、航空管路管件、航空电子控制系统零部件等多个领域。

2013 年,红狮宝盛科技有限公司拿到了进军国际航空航天领域的通行证,开始以加工制造飞机座椅配件等内饰配件材料起步,企业凭着对航空事业的追求,用锲而不舍的精神,对加工产品质量精益求精,终于做大了"蛋糕",成功地拓展了航空产品市场。

挖到了航空产业的第一桶金,公司没有故步自封,而是追求更高的目标,把目光瞄准航空飞行器的高精设备的制造和加工,不断向飞机"核心"零部件进发,通过加强专家团队建设,在科技创新上花千万元投入研发制造工艺技术,不断突破特种工艺加工技术,先后拿到了激光切割、焊接、无损检测、热处理、化学处理、材料检测实验室、首件检验等 7 项国际航空产品认证证书,成为国内具备 NADCAP(国家航空航天和国防合同授信项目)资质最多的民营企业,企业已拥有新型实用专利及发明专利 40 项,技术水平领航国内同类企业,从而揽起了航空控制系统零部件,发动机外部系统零部件、发动机管路管线等高精设备的加工制造业务,走出了红狮宝盛向高质量发展的重要一步。

从飞机座椅配件到飞机发动机配件,红狮宝盛科技有限公司逐步走向飞机的"核心",这正是红狮宝盛科技有限公司自身"核心"的大突破,这种大突破使企业站位更高、目标更远大,他们的梦想是成为世界顶级的航空金属零部件制造商,这是企业的梦想,也是一个前行的方向。

为了达到这个梦想,企业充分运用大数据人工智能等新型技术,通过数字化赋能制造业实现转型升级,树立起行业数字化转型的新标杆。企业先后投入 6000 多万元进行数字化改造,建成了精密航空零部件数字化车间,车间内引进的批量先进软件和智能化设备以及国际领先的工业物联网(MES)技术,进一步提高了企业的智能化程度,有效缩短了产品生产周期,提升了生产效率,也加速了产品的创新进程,使产品在民用航空制造业领域占据竞争优势。

数字化赋能使企业将产品各工段系统信息集成,形成全链数字化管理运营,从而实现了产品研发、产品订单、生产进度、销售目标的全过程跟踪,并对产品质量管理从源头追溯,极大地提高了企业生产经营效率,使车间设备利用率和生产效率分别提升了 20% 和 30%,企业在航空行业中破茧成蝶飞向更为广阔的天空，成为工信部列入全国重点民用航空工业企业，企业产品覆盖美国、英国、法国等多家知名跨国航空公司。

红狮宝盛科技有限公司已累计生产航空配件 3 万余种，累计发货 3000 余万件，平均每月发货件一万种，平均每月发货 50 万件。

铸就航空精神！成就航空事业！成为红狮人追求的目标！

2021 年 3 月 16 日晚，罗尔斯·罗伊斯（Rolls-Royce，以下简称"罗罗"）公司举办了线上罗罗全球供应商颁奖大会，在此次颁奖盛典中，海宁红狮宝盛科技有限公司荣获了"最佳新供应商奖"。

作为全球最顶尖的航空发动机企业之一的英国罗罗公司，他们在生产工艺等各方面拥有先进的技术，始终处于世界的领先地位，因而与罗罗公司的合作是航空企业追求的目标之一。罗罗公司在中国供应商已达到 25 家，罗罗公司与各种供应商合作，看中的不是规模大小和地理方位，而是质量、交付与成本效率。供应商要具有高水准的技术，精益求精的信念，实现零缺陷的决心和举措，才能满足罗罗公司的业务要求。

罗罗公司对选择和管理的全球供应商制定了严苛的条件：体系认证和产品认证必须满足罗罗公司专有航空标准；试制的批量产品必须要有完整、合格的性能数据；产品在批量供货前，必须通过罗罗公司工程技术部门的现场审核；等等。

如此严苛的要求，对供应商而言，能参与并融入罗罗公司的全球供应链也是其自身竞争力的证明，这也是航空产品企业与罗罗公司合作颇具吸引力的原因之一。

在这次罗罗公司全球供应商大奖评选中，共有 7 家供应商获得了中国区提名，其中 3 家顺利入围全球候选名单。最终，经过罗罗公司全球管理层和战略采购团队的全面评估和甄选，唯有贵州安大航空锻造和海宁红狮宝盛科技 2 家供应商喜获殊荣。

罗尔斯·罗伊斯大中华区总裁李安（JULIAN MACCORMAC）在北京与部分媒体代表会面会上，他对于中国供应商在疫情防控期间的支持和帮助并出色保障了罗罗公司供应链的正常运转给予高度评价，中国供应商表现出的专业和坚韧令其印象深刻。尽管面临着全球航空业的减产，但中国供应商仍收获了罗罗公司的续签或新订单，罗罗公司对于与中国供应商合作充满信心，并且表示将进一步持续加大和加深在华合作。

罗罗公司供应商奖极大地提升了红狮宝盛科技有限公司在罗罗公司

供应商中的知名度,同时也提升了公司国际业务在整个国际市场中的地位。更是给红狮宝盛科技有限公司进一步树立起信心,努力实现成为全球航空制造业最具价值的优选配套服务商的企业愿景。

可以预见,红狮宝盛科技有限公司生产的航空零部件能够入选罗罗公司供应商目录产品,公司的发展就会有更大的空间,产生更大的经济利益,从而就会有更多的经济支撑研发新技术新产品,以此又可以促进中国航空产业零部件的不断进步,这是一个步步为赢的成果。

本土企业在航空领域的发展,也给开发区提供了一个发展的思路,面对航空产业无限的产业链接,他们把目标瞄准了这个如日中天的产业,加快了开发区航空航天产业园如火如荼的建设速度。红狮宝盛科技有限公司作为产业园先行队,投资10亿元把航空表面处理、组装及测试部分做大做强,在开发区的航空产业园中延链、补链、强链,在质量监测、产品研发、供应商配套等方面做出更积极的努力。

这是一条平台与企业共同发展的双赢之路。

2022年6月,2022海宁(西安)航空航天产业对接会在西安举行,30多家陕西航空航天企业参会。这是自疫情以后开发区精心组织实施的首次赴外地开展招商对接会,具有十多年招商工作经历的招商局局长金朝刚在西安面对参会企业,对航空航天产业充满信心,心中计划适时在北京、上海、深圳等地再次开展招商推介活动。

这几年在航空航天领域,海宁经济开发区以本地重点企业及新落户项目及研发机构为切入点,培育好红狮宝盛、空天院等产业资源,围绕航空航天产业项目重点聚焦航材精密加工及装备制造、新材料部件等领域,全力推进航空航天产业链招商。向东瞄准商飞的产业规划方向,积极挖掘大飞机供应链配套项目;与商飞公司、上飞厂建立联系互动,排查适合落实园区的供应商并精准对接;西接成都、西安、南昌等产业集聚地,聚焦传感器、芯片及部件等军转民、军民融合项目。

开发区的航空航天产业园努力培育发展红狮宝盛这样的龙头企业,解放思想敢于创新,不断强链补链,有航材精密加工及装备制造、航电系统、航空新材料及航空核心零部件制造等一大批企业表达入区意愿,一个影响中国乃至世界的航空航天的支柱产业开始在那里腾空起舞。

第二十一章
肥沃净土　科学孵化出成果

　　阳光沃土是培养农作物的必要条件,只有肥沃的土地才能培养出优质的农作物,动植物的起源和发展需要合适的孵化环境。而企业的发展壮大也是如此,一个良好的营商环境就是企业的孵化器,开发区就成为一个集科技和创新的孵化器,在这个孵化器里面先后培育了许多优质的企业。

　　开发区的第五个上市公司——浙江博菲电气股份有限公司于 2022 年 9 月 30 日在深圳敲钟上市,这是开发区孵化出来的一个很好的个案。

　　25 年前在国家鼓励发展个私企业和民营经济的环境中,24 岁的嘉兴人陆云峰和两个同伴携带 38 000 元来到海昌街道冯南村,租赁了村里的 4 间平房,又借用改造了村里已经停止使用的大礼堂,开办了永诚绝缘公司,以生产电机绝缘材料为主开始了创业。那个时候条件非常差,产品设备也非常落后,用今天的话来说,配制生产绝缘的油漆是放在大铁桶里进行人工搅拌,也就是依靠"一个铁桶和一根木桨"开始创业。

　　厂房陈旧设备简陋人员稀少,陆云峰凭着一股敢于拼搏勇于攀登的精神在海昌街道的土地上筑起了心中的梦想,时任冯南村支部书记张海青给予了极大的支持和鼓励。

　　"大铁桶加木桨"创业的过程,科技方面的落后是那个年代的特征,企业的初始条件和过程并不重要,重要的是陆云峰知道了自己企业发展的艰辛,认识了创新理念的必要性,开拓了科技发展的实践,获得了企业美好的前景。

　　在原始的创业阶段凭着一股不服输的精神,经过十年的打拼,企业逐渐走上了规模。2008 年企业向开发区提出进区征用土地的申请,当时看中的土地面积有 57 亩,由于资金紧张,57 亩土地不能一下全解决,张海青自告奋勇代表企业向开发区主任许金忠提出了要求,先解决一期土地 30 亩,剩下的 27 亩请开发区保留 2 年时间,届时如果仍不能征用就放弃。

开发区领导看中了企业的发展前景,答应了企业的要求并给予了大力支持。两年后,企业没有食言,全额征用了余下的 27 亩土地。

没有开发区的支持难以承载发展中的压力,更是破解不了发展中的瓶颈,尤其是企业发展过程中的土地问题,往往会成为企业能否持续发展的关键,有了开发区的支持,企业才有了信心和方向,当然企业自身的努力是至关重要的。

科技创新是企业的生命力,陆云峰对此心里念念不忘,他知道一个企业的生存除了自身的努力外,决策者的知识水平和接受创新事物的认知是最为重要的,面对知识爆炸的时代,数字经济正在成为社会经济发展的主流,一个企业如果没有科技的含量就没有立足之地。

近年来,博菲电气股份有限公司在创新发展高科技产品上下功夫,企业紧紧围绕广泛应用于风力发电、轨道交通、工业电机、家用电器、新能源汽车、水力发电等领域的电气绝缘材料等高分子复合材料的研发、生产与销售,全力开展绝缘树脂、槽楔与层压制品、纤维制品、云母制品和绑扎制品等高端绝缘材料的研发制造,发挥突出的竞争优势和自主创新能力,与中国中车、南京汽轮、金风科技、中船重工等国内知名企业建立合作关系,公司相继建立省级企业研究院、省级院士专家工作站、省级博士后工作站等研发创新平台,并与浙江理工大学、哈尔滨理工大学、杭州师范大学等国内知名院校建立了良好的产学研合作关系。企业在着重自身的数字化创新发展中,积极研发具有国内领先水平乃至世界领先水平的产品,已经拥有 82 项发明专利、25 项实用新型专利。同时,公司已通过 ISO9001、IATF16949、ISO14001 和 ISO45001 等管理体系认证,参与了电气绝缘材料耐热性国家标准、固体绝缘材料介电和电阻特性国家标准、水溶性半无机硅钢片漆行业标准等多项国家、行业及团体标准的起草工作,先后承担了国家火炬计划产业化示范项目、省级新产品试制计划项目、浙江省重点研发计划项目等重点科研项目,并荣获海宁市市长质量奖、浙江省科学技术奖、浙江省优秀工业新产品奖、嘉兴市科学技术进步奖等荣誉。

企业发展找准自己的定位,成为长期专注并深耕于电机产业链中的关键环节和高端产品,并为大企业大项目提供关键零部件元器件和配套产品的专业生产企业,把电机行业的核心技术不断突破提升,生产出成为国内领先以至国际领先的产品,2020 年,公司年产值近 3 亿元,被列入浙江省"隐形冠军"企业。

陆云峰董事长不断学习精进,提升自己的业务知识和管理能力,参与完成多项发明专利及国家、行业标准、团体标准的制(修)订,研发的"高强度双向玻璃纤维引拔槽楔项目"获"浙江省科学技术三等奖",多次荣获"嘉兴市科学技术奖",并获得"嘉兴市十大青年创业风云人物""中国电器工业协会绝缘材料分会先进工作个人"等荣誉。

"中国中车是我们推荐介绍来的,是我们的合作伙伴,他们使用的电机绝缘材料就是我们生产的。"博菲电气股份有限公司对自己企业的产品十分自信。在企业的产品展示厅里,存放着可以用于磁悬浮列车的电机和真空管道磁悬浮列车使用的电机,分别可达 600 公里/小时和 1000 公里/小时,这是令人神往的地面飞行速度。

博菲电气股份有限公司现在已经又在海宁尖山新区半导体基础材料产业园征用了 100 亩土地,总投资 50 960 万元的半导体器件和电气用新材料建设项目开始动工,生产厂房、办公楼、仓库等设施,总建筑面积达 35 446.5 平方米,并新增先进生产设备和科学仪器 700 余台(套),将从事 12 000 吨轨道交通和新能源电气用绝缘材料及 23 000 吨电气设备配套绝缘材料等功能高分子新材料的制造,形成年产各类轨道交通和新能源电气所用功能新材料 35 000 吨的生产能力,预计达产后可实现年产值 7.8 亿元。

陆云峰对企业的创新发展充满了信心,他计划公司届时将建成高端人才集聚,拥有先进科研设备,产品技术创新的能力达到国外同行先进水平的科研机构,把企业的研发高新产品和数字化经济不断推向新的高度。

开发区作为一个高新企业孵化器不仅仅孵化了博菲电气股份有限公司这样的高科技企业,追求卓越时尚的安正股份有限公司的发展,也是在开发区得以孵化,从而一步步羽翼丰满,最终飞向全世界。

郑安政这位来自浙江省温州乐清的董事长回忆企业的发展,直截了当地说自己的企业是在海宁市各级领导的关心和开发区的支持下,才从小到大直到成为上市公司。

温州人一向以有胆识有魄力著称,他们敢于闯荡世界已经被全球公认。温州人的足迹遍及世界各个角落,哪里有温州人哪里就会出现温州系商业的繁荣。时年三十而立的郑安政,已经在大连做皮草服装生意好多年了,他的几个兄弟姐妹也在那里一起发展。大连是他的生产基地,生产当时颇为

"洋气"的服装,事业有成日子过得舒心而悠然。一个偶然的机会,他到杭州四季青服装市场出差时,省政府的一个朋友告诉他,海宁皮革服装城发展趋势很好,建议他去考察一下。

时值大连的皮革企业遇到了发展的瓶颈,听说海宁的皮革城搞得很好,于是他抱着看看的心态来到了海宁。皮革城位于海宁火车站对面,他一出车站就被颇有气派的皮革城吸引,走进皮革城感觉那里的营商环境实在太好了,商铺里面客户摩肩接踵,大包捎的、小包扛的一派热闹景象,可谓是繁荣昌盛。客观地说,当时海宁皮革服装的起步时间虽然不算短,但主要的还是以保暖为主的皮革背心、皮革棉大衣等产品为主,产品粗放不精细。凭借敏锐的经商头脑,他马上感觉在海宁做皮革服装是自己的一个发展方向,尤其是做品牌的时尚皮革服装产品,肯定能鹤立鸡群、一花独放。

有了想法,他就一头扎进了皮革市场。郑安政在对海宁皮革产业情况的考察中了解到,海宁已经有两家温州人办的企业,一家企业名为时丹达皮革服装厂,老总为吴阿时,另一家是吴英杰。他走访了这两位老总,温州老乡的相遇相识,自然是受到了热情的接待,吴阿时向郑安政热情地介绍了海宁的皮革行业情况,回答了郑安政提出的一些疑问,并表示期望郑安政能来海宁和他们一起创业,打造出温州人在海宁的一片皮革天地。

温州人有个长处,走到哪里都是相互抱团,相互关心,共同发展。郑安政经过考察认为在海宁的温州企业发展得不错,凭着自己的能力和经验,应该是能够在海宁闯出一点名堂来的。

于是他作出了一个至今不悔的重大决定:小船掉头驶向海宁这个港口,在海宁打造一个属于自己的时尚服装品牌。

1995年6月,郑安政来到海宁。来之前他跟自己的几个妹妹商量,动员她们一起到海宁发展。在大连时他们兄妹几家都是各做各的生意。因此他认为到海宁后应该合作起来一起做,一来形成规模优势,二来也有相互帮手。经过多次商议最终把他的姐妹都邀来了。

那一年,有个叫九冬的皮革企业在海宁工商局注册,老总就是郑安政。他把大连企业的设备等物资全部用卡车运到了海宁,在皮革城附近的凌家场租用了一幢农民住宅作为企业的生产基地,并沿用在大连的生产经营模式,自己采购原材料,自己加工产品,自己进行销售。

海宁的皮革行业正是兴旺发达的时期,犹如早上八九点钟的太阳蒸蒸日上,按当时生产企业的话来说,皮革服装是供不应求的行销货,全国各地来淘货的人络绎不绝，皮革城里每天人满为患生意十分红火。

九冬的产品有别于一般厂家，郑安政在大连创业的时候，打交道的有香港、广州的一些大公司，设计生产的服装以时尚为主要方向，创立九冬皮革服装企业后，他就对产品有自己的想法，就是产品要有创意，款式要与众不同，于是结合昔日的设计理念，注入新的元素形成了自己产品的特色，所以生意特别好，第一年就赚了 300 万。

郑安政尝到了甜头，认定了自己企业的发展方向，暗下决心立足海宁这个地方，以海宁作为第二家乡把企业做大做强。

在海宁挖到了皮革产业的第一桶金，九冬的发展走上了轨道，1998 年海宁成立了皮革科技工业园，在海宁大道东面那块土地上开始招商。园区主任章竟前打电话给他，对他抛出了橄榄枝，时任分管工业的副市长金富荣也多次联系他，帮助解答相关问题。

面对海宁的热情招商，感受海宁营商环境的优势，郑安政决定拿地开始新的发展。他召集全家兄弟姐妹商量，提出如果要在海宁继续发展，就要把这块土地买下来。

经过接洽皮革园区给了他一块位置非常好的土地。其实当时凡是温州商户在海宁投资，开发区都给予了优惠政策，而且把好的地块安排给他们。"我们温州人的土地都是朝南的，而海宁本土的蒙努却是朝北的，优先了温州人。当时吴阿时拿了海宁大道路东与洛隆路交界口那一块地，吴凌拿了第二块，我拿了第三块，第四块才是沈利民的三星企业，海宁真的对我们是非常的好。"回忆起当时的情景，他的脸上就会浮现出开心的笑容。

皮革产业的特点是生产半年停工半年，每年的十月至次年的二三月份是生产销售的旺季，过了这个时段就慢慢进入了"冬眠期"。很少有企业愿意在夏天生产，把产品囤积在仓库等秋冬上市，这样的话，一则资金严重积压，二则可能造成产品的过时销售滞后导致亏本，所以没有人敢冒这个风险。

九冬更名为九姿，郑安政投入了 1000 多万元改造提升企业，他对企业在淡季要停工半年的现状感觉很是无奈，但这是市场经济的自然规律，任何人也改变不了这样的情况。

自然规律不能改变，那么就改变自己的思路——重新思考品牌的事，2000 年他开始策划做品牌，先后到巴黎和欧洲的多个国家进行考察。做品牌看似不难但起步很难，二十多年前的皮革服装行业，说白了还是一个粗放型的发展阶段,企业标新立异做出来的皮革服装或许一下子很难被市场接受。

郑安政坚持着自己的梦想,坚持着自己的品牌,结果是投入多、收入少。企业亏本,坚持到 2002 年九姿陷入了重大困境——资金链断裂,企业没钱进行生产经营,想用房子向银行抵押贷款,银行进行风险评估后,迟迟没有回复,而九姿企业连工人的工资都快发不出来了,几乎到了破产的边缘。

正在九姿危急的关头,海宁市领导和开发区的领导向他伸出了援手,出面帮助与银行沟通,最终取得了银行的支持,郑安政终于得到 400 万元贷款,解决了九姿的发展困境。

品牌做起来了,影响力也渐渐变大,那一年嘉兴地区做品牌服装有较大影响力的三家企业,分别是雅云、敦奴和九姿,其中敦奴和九姿都在海宁开发区。

岁月流逝,九姿不断壮大。五年后,九姿计划要进行股改向上市公司的目标进军。

一天中午,郑安政接到了一个电话,是时任市长沈利农打给他的。

"听说你们在上海已经买了大楼,总部要转移?"

"有这样的思考。"郑安政对市长的来电有点忐忑,没有正面回答。

"海宁这个地方还是不错的,离上海和杭州都很近,你企业有什么要求提出来,我们都会支持。"

郑安政在电话中向沈市长诉说了自己的想法和思路,就要做高精技术品牌服饰,这想法得到了沈市长的认可和支持。随后几天开发区的领导也来与九姿进行了沟通,并专门把科技局、生态环境局等相关部门召集一起对九姿提出的土地问题、环境问题和存在的困难等一揽子问题做了研究,市领导当场拍板予以解决。

九姿最终放弃了去上海发展的意念,只是把上海买的一层楼作为九姿的研发基地,转而在开发区拿了 200 亩土地建造了别有风味的阶梯式厂房,成为海宁的一道亮丽风景。

2018 年针对安正企业职工住宿困难的问题,开发区向朱建军书记汇报后,商议城投集团给他解决 100 多套商品房,企业作为福利房安置工人以此解决了企业的后顾之忧。

安正企业规划在做大做深服装这个板块的同时,开始探索开创第二个"板块",规划积极寻找高科技新能源这些目标,争取引进一批高科技人才组建合作团队,创建高科技方面的第二个产业,再次创造新的成就。为此,在 2022 年底,郑安政决定去清华大学学习相关的课程,给自己充电,以适应企业再次腾飞的要求。

安正企业的发展经历了三个阶段,从九冬租房办企业到九姿入驻开发区皮革园区,再到创办安正企业成为上市企业,三步式跳跃过程无不体现了海宁市委市政府和开发区的支持,凝聚了开发区领导和员工的一片热忱,使得安正成为时尚产业园区的主打企业。

提及时尚产业的发展,人们不会忘记全国著名的皮革服装企业——雪豹。这个企业在发展过程中的一波三折堪称电影大片中的情节跌宕起伏,最终还是在开发区的孵化器里得到了再度的发育成长。

作为海宁传统行业的皮革服装雪豹皮衣,是一个令人喜爱的品牌,中央电视台雪豹下山的广告让人过目不忘,扬名中外的雪豹皮衣也曾经成为一"豹"难求的时尚皮衣。

雪豹创始人曹浩强曾以知青身份去当兵,从部队转业后在海宁五交化公司工作,其姐曹杏玉时任海宁皮件厂的厂长,曹浩强从她那里了解了皮衣制作的工艺流程。具有敏锐观察力和创新精神的曹浩强发现当时皮衣市场前景广阔,经过一段时间的考察调研和思考,他认准了这一行业。1984 年他毅然辞去了让人羡慕的国企工作,下海经商创业,这一决定使他成为海宁第一个辞职下海的共产党员,抛弃铁饭碗,自办民营企业去做第一个吃螃蟹的人。

民营企业是中国社会经济发展中不可或缺的一支重要力量,与国有经济共同支撑着中国社会的经济发展,浙江省经济社会发展中,民营经济的地位越来越凸显出其重要作用。

曹浩强筹资 5000 元人民币,租了 24 台缝纫机,招了 24 名职工,租用辛江乡电影院后台作为厂房,创立了海宁辛江皮件服装厂,开始了他的皮革之路。他选择了上海这个经济快速发展的大都市作为市场,又通过各种渠道和上海西伯利亚公司、友谊商店、华侨商店、锦江饭店等名店建立了联系,结果产品销量很好,且内贸比外贸利润还高,他一下子增强了信心。

1989 年,他正式选择了上海这个大都市为目标,在那里招聘本地人组织起自己的团队,又在上海金陵中路 105 号开设了雪豹皮草行门店,两层营业用房 200 多平方米花了 70 多万元装修费,设计形成开放式、大玻璃橱窗的全新风格。

　　上海作为我国最大的商业城市之一,品牌众多市场竞争激烈,雪豹产品从消费者的需求和心理出发,对品质和售后服务精益求精,以此来赢得客户信任、赢得市场。雪豹有了自己的工厂,有自己的皮革服装产品,也有上海大都市的门店,如何把自己的产品拓展出更大的市场?

　　曹浩强觉得商品一定要有自己的商标,设计一个喊得响、记得住、有影响力的商标对商品的发展具有极其重要的作用,因此他以2万元奖金的承诺在全国公开登报征集商标设计,最终"雪豹"从雪山奔向了市场,海宁雪豹商标进入了人们的视线。

　　雪豹就如那颗种子在上海这个国际大都市扎了根,雪豹皮草产品和皮革服装以产品新颖、质量上乘、设计前卫、价格合理和服务优良吸引了广大消费者,成为风靡大上海的时尚服装,产品供不应求,大上海雪豹皮草行门店前排起长队购买皮衣、凭票购买、店堂大玻璃被挤破……雪豹皮衣在大上海成为一道亮丽的风景,创下了销售的奇迹,上海和全国各地的媒体铺天盖地地进行了宣传报道,让雪豹生了翅膀腾飞,企业开上了快车道。

　　上海市凭空出现了腾飞的雪豹,这一现象在全国引起极大的反响。

　　1991年,《浙江日报》报道:"雪豹为顾客所做的一系列细致的服务令人赞叹,处处想到顾客的精神值得学习。雪豹的经验,提供了一种思路,服务也是质量。"

　　由于款式、品质、售后等各方面都让用户满意,雪豹品牌在消费者中树立了良好的形象,一直以来上海市民对雪豹皮衣还是津津乐道,有着深刻的印象与特殊的感情。

　　中国进入全面改革开放时期,雪豹的发展也进入了转折点,随着销售网络的不断扩大,货品生产与供应的矛盾突出,家族式管理方法与现代企业管理体制成为企业发展的突出矛盾,这矛盾导致企业在原材料进货加工、产品生产、策划营销、财务收支、商业布点、人事安排等诸多方面出现了问题,企业发展开始下行,导致出现专卖店无货可卖的情况。而有些专卖店人员又私自从其他生产企业拿货充当雪豹皮衣进行销售,市场上一下子出现了许多假冒雪豹品牌的"三无"产品,这些产品或褪色严重,或质量低下,消费者向国家工商管理部门进行了投诉。经过调查,假冒伪劣产品的生产工厂得到了处罚,但事实上却给雪豹带来了巨大的损失。

　　在改革中求生存,在创新中求发展。2005年雪豹作出了一个重大的决策,对雪豹服饰有限公司进行股份制改革重组,使在市场上几乎销声匿迹的雪豹皮衣重振雄风再次腾飞。

时年 32 岁的朱伟祥成为重组后的雪豹服饰有限公司的总经理,他年龄虽然不大,但在皮革服装行业摸爬滚打了许多年。当接手雪豹这样的著名品牌企业时,他心里还是充满着矛盾。一方面自己虽然熟悉皮革服装方面的各个环节,但对于重建和管理这样一个大型的企业仍然是心有余悸。当时公司在海宁市区没有厂房,没有一个工人,也没有一个客户,企业发展全都需要从头开始,他确实感到很有难度。但转眼一想,自己有生产经营皮革服饰的经验,现在有机会去实践锻炼也是一件好事。按他自己的话来说,"反正我是初出茅庐,不怕苦不怕失败,我就当它重新树立一个品牌干起来再说"。

朱伟祥总经理上任后烧起三把熊熊烈火。

第一把烈火:在全国开展打假行动。他亲自上南宁下广东去山东等地开展打假工作,在各地工商部门的支持配合下,清除了外地假冒雪豹品牌的皮革服饰,这一年全国各地的媒体上不断出现雪豹打假的消息,从而提高雪豹知名度,把丢失的品牌重新拿回来,为开拓市场扫清了障碍。

第二把烈火:开办服装展销会。雪豹服饰有限公司从租用的农用民房搬迁到了海宁市经济开发区出口加工区,这标志着雪豹服饰有限公司脱胎换骨再创业的开始,凤凰涅槃重生——雪豹腾飞成为一个历史的转折点。重组后的第一次服装展销会,雪豹服饰的亮相成为市场的一个亮点,雪豹回归了市场! 随后又去北京等地参加了多场服装博览会,再一次扩大了雪豹的知名度。

第三把烈火:在全国招收雪豹代理商,拓展雪豹的销售渠道,为雪豹占领全国市场打下坚实的基础。

朱伟祥的三把烈火把雪豹服饰有限公司纳入了正常运行的轨道。他总结雪豹多年来成功的经验,认真反思以往生产经营过程中失误的原因,思考纠正的方法和应对举措。

创业说说容易其实做起来非常艰难,尤其是改革起步阶段的每一步都困难重重。

在这个重新腾飞的过程中开发区管委会给予了极大的支持,对于这个来自本土企业的著名品牌,开发区始终抱着一种态度,一定要让这个品牌再次成为影响市场的领军企业,成为时尚产业的一个标杆。

谈到现在雪豹企业的腾飞,朱伟强总经理显得非常谦虚,他认为雪豹的发展固然得益于雪豹原有的影响力和品牌效应,但主要的还是得益于开发区管委会领导的关心和支持。

"雪豹的品牌效应还是有影响力的,外面的消费者喜爱雪豹的品牌,用今天的话来说,有一批粉丝始终在追雪豹,大家觉得雪豹的产品值得信赖。"

雪豹根据市场需求,给自己的定位是中高档产品,并且走线上线下两条路发展。实体店以相对传统的款式吸引消费者,而线上则是以时尚年轻化款式为主,线上线下同步发展一起抢占市场。

一个产品的品质就是商品的核心价值观,从原料的把关,生产的制作过程,营销和售后服务,这些日趋完善的管理制度使雪豹变得更强大,在品质管理中,雪豹在科技创新、设计研发、品牌引领、生产管理等每一道环节,运用 ERP 管理系统开展数字化管理,用数字化来监督完成产品的品质。

历经十多年的风雨,雪豹服饰有限公司已告别昔日租房办厂的窘迫现状,重振雄风在开发区自己公司 17 400 万平方公里土地上建筑了 3 万多平方公里的厂房,招聘研发设计人员 40 多人,营销人员 50 多人,在产品提升、工艺改进、客户服务等方面不断探索,开设了直营智慧门店、奥特莱斯专柜、一站式工厂体验中心、线上商城,组成了全方位立体化的营销网络,并与多个国内外品牌建立了战略合作关系,在产品生产方面,雪豹传承企业的优良传统,严格选择用料,包括拉链纽扣缝线都精心挑选,质量检验上严格把关,有瑕疵的绝不修修补补以次充好流向市场,每一件皮革服装都有编号可以溯源。

雪豹坚持绿色皮草、环境保护、品质至上、终身服务的品牌效应,再次走上了发展的高速路。公司作为皮革服装的领头雁,在省纺织测试研究院牵头下,开展了浙江制造标准的研制工作,起草 T/ZZB0336—2018《薄型羊皮革服装》浙江制造团体标准、T/ZZB1540—2020《吊面毛皮服装》浙江制造团体标准。

为了把企业做得更好,朱伟祥总经理不断学习新的知识,他先后两次去清华总裁班学习,从产品设计、生产、营销、管理、财务及人力资源等方面给自己充电,从而提升自己的领导管理能力和水平。

2008 年雪豹代表海宁中国皮革城远赴丹麦哥本哈根参展,在这座被业界称为世界皮草发源地的国度,雪豹凭借其时尚的设计、和谐的色彩与精湛的工艺,在世界舞台上获得广泛好评。这也是中国皮装在国际皮革业顶级舞台上的首次亮相,昭示着中国皮装业在雪豹的引领下真正走向了世界。

　　面对雪豹的再次腾飞,朱伟祥这位年轻帅气的总经理精明干练的脸上流露出一个青年企业家自信的笑容,体现出一个成功企业家的魅力与风采。"2020 年雪豹树立了新的科学理念,引入智能化设备工厂的概念,把生产的各种设备设施都开始实施更新,接下来会往智能化制造这方面进一步的发展。"谈到企业的发展远景,朱伟祥总经理非常自信地谈到了下一步的目标。

　　他在不断地探索如何更上一层楼,他认为雪豹一定要走进服装圈,不能只在皮革和裘皮服饰方面发展,而要在服装行业里面有自己的品牌产品,要走时尚产业的发展道路。经过这几年的努力,雪豹现在已经有尼克服、西服、派克服等一百多种服饰上市,都已成为消费者喜爱的时尚品牌服装。

　　雪豹服饰有限公司的目标是:进一步引进高端设计人才、营销人才,把企业打造成为时尚服装行业里面的领头雁!

　　可以坚信,在开发区的时尚产业园里,雪豹服饰有限公司会进一步腾飞。

　　一个集纺织服装、皮革服装的设计、生产及销售为一体的时尚产业园区在敦奴、安正、雪豹等集团企业的引领下,运用数字化技术不断创新传统行业制作工艺,一个走向世界舞台成为一流时尚品牌的园区正在崛起。

第二十二章

谋篇布局 三区一城同步行

经过 30 年的发展历程,海宁经济开发区的发展目标越来越明确,产能越来越清晰,就是要发展高、新、科产业,即把高端技术、新能源、新产品、科学技术和创新品牌作为开发区的主要方向。而此时,海宁全市泛半导体高质量发展平台"三区一城"已全面成形。

在经济开发区量体裁衣,差异化打造高质量"泛半导体产业园"集聚平台,发展半导体装备、核心元器件等高端产品;在高新区打造"杭州湾电子信息产业园",发展半导体器件、模组等应用端市场;在尖山新区打造"半导体基础材料产业园",发展泛半导体配套基础材料产业;在海宁鹃湖国际科技城,吸引科技研发机构,打造公共研发孵化平台。

这是海宁全市的泛半导体产业战略性发展布局,对开发区来说,也是一个前所未有的应战,开发区是泛半导体产业的发起者,是这个行业的领军人物,在这样的背景之下,必须成为全市的统帅。开发区领导陈中权心里十分清楚这个关系,他在会议上对全体干部和职工表达了"开发区顺应新一轮科技革命和产业革命新趋势,紧紧围绕'一年起步、二年见形、三年有效、四年过坎、五年上台阶'总目标,全力发展泛半导体产业"的决心和信心。

2018 年 6 月,海宁经济开发区与海昌街道管理体制调整,再度实施"区街合一""以区为主"的融合发展新模式,区(街)下辖 17 个村(社区),与尖山新区由联动开发调整为战略合作关系。

开发区(海昌街道)合并后市政府提出了期望:"开发区与海昌街道合并后,应完善政府职能设置,体现开发区精简高效的管理特点。"

这是开发区再次和海昌街道的合并。上一次合并是 2003 年,七年后开发区和海昌街道重新分离,时隔八年的再度相融,形式依旧但时事易改,新形势下区街合并将会是怎样的一个明天？

一套班子两块牌子，开发区和街道担负共同的经济和社会发展事务，两者又各有侧重。开发区着力在区域内主抓招商引资发展经济，积累经济财富。街道重点抓好社会各项事务，完善民生工作，积累社会财富，开发区（海昌街道）的目标是，全面贯彻党的方针政策，保证经济社会的全面发展，带领人民共同富裕进入小康社会。

开发区（海昌街道）的融合开始了新的里程，干部和职工很快就融合在一起，发挥出极大的工作热情，在各自的岗位上敬业奉献。融合的结果没有让市委、市政府失望，没有让开发区（海昌街道）的百姓失望，开发区（海昌街道）当年就取得了很好的成绩。

2018 年海宁经济开发区（海昌街道）经济社会各项事业继续保持平稳发展态势，实现地区生产总值 110.5 亿元，同比增长 7.5%；实现税收总收入 16.8 亿元，同比增长 13.5%，其中一般公共预算收入 9.1 亿元，同比增长 15%；实现规上工业总产值 280.6 亿元，同比增长 10.8%；居民人均可支配收入 45 345 元，同比增长 8%。开发区（海昌街道）先后被评为年度先进开发区、年度对外贸易十强开发区、年度利用外资十强开发区、全省省级开发区综合考评第二名，嘉兴市开发区考核二等奖第一名；海宁市目标责任制考核第一名；嘉兴市保障服务重大活动先进集体；横山万亩良田区块被列入省全域土地综合整治示范点。

这一年所取得的成绩来之不易。

这一年开发区工作中面临的困难有许多，主要体现在经济发展过程中的土地制约、资金问题等，外力的因素让开发区（海昌街道）的领导寝食难安。国际上中美贸易摩擦持续升温，美国无端对中国大陆的打压给国家的经济发展造成严重影响，也让开发区（海昌街道）的发展雪上加霜。

2018 年伊始，美国对中国发起的 301 调查，最终以对原产于中国的商品加征进口关税为措施，涉及自中国进口贸易额的三分之二，中国也同步实施加征关税措施，对部分原产于美国的商品加征进口关税。

中美贸易摩擦给中国出口企业的打击较大，开发区（海昌街道）所在的出口产品企业也遭受到伤害。开发区（海昌街道）有 175 家企业的产品涉及出口美国，2500 亿美元的清单中涉税企业 96 家，涉税金额 36.91 亿元，这对企业来说无疑是巨大的数额，中美贸易摩擦直接影响到开发区（海昌街道）主要经济指标数据的完成。

开发区(海昌街道)在这样特殊的情况下,各项经济指标均取得了可喜的成绩,不能不说开发区创下了发展的奇迹。

2019年3月,海宁市委、市政府下发《海宁经济开发区(海昌街道)机关职能配置、内设机构和人员编制规定》(海委办发〔2019〕63号),确定经济开发区(海昌街道)党委是本开发区(海昌街道)各种组织、市级部门延伸机构和各项工作的领导核心,全面领导开发区(海昌街道)政治、经济、文化、社会、生态文明建设,对开发区(海昌街道)党的建设全面负责。海宁经济开发区管理委员会与海昌街道办事处合署办公,内设党政办等10个科室和1个事业单位。

三定方案职责明确,"1+1>2"的干部配备给开发区(海昌街道)的工作顺利开展奠定了良好的组织基础。

开发区和街道合并后的职能变化很大,许多工作要将两张皮合并起来形成一股力量,全体干部职工齐心协力把开发区(海昌街道)建设成为现代宜居的工业城镇模式,截至2021年底,开发区(海昌街道)共有户籍人口41 042人,在册登记新居民109 845人,全区共有法人企业4070余家,其中工业企业2120余家,规上企业268家,产值10亿元以上企业3家,主板上市企业4家。

一个宜居的现代工业化城镇——高品质产业新城雏形显现。

第二十三章

攻坚克难 征迁历程故事多

搞政法工作的人曾经把取得律师执业的司法考试形容为"天下第一考",这个考试的难度出乎一般人的想象,从理论到实践,从案例分析到法理阐述包罗万象,使许多抱着当律师理想的人望而却步。

在现实生活中,这种所谓"天下第一×"的事情比比皆是,许多工作中都可谓是"天下第一×",开发区(海昌街道)在征迁的过程中,就是在攻克"天下第一难"的堡垒。

征(拆)迁工作任何一个地方都能称为天下第一难,这话毫不夸张。做征(拆)迁工作的人员不仅要有理论知识,能讲政策、明事理,说服老百姓;也要有实践经验,能分析百姓的百种想法,制定专门的应战策略;还得要有魄力,对一些蛮不讲理的人要有毫不畏惧的斗争精神,只有能软硬兼施的人,才能啃下硬骨头。

2003年的大征迁工作是举全市之力的一个大动作,征迁工作的力度可以说是海宁历史上数一数二的事情,开发区的工作方式已经从企业相中土地后再进行征迁的滚动开发转为规划好区域再行开发,实现一步到位筑巢引凤的方式,不同的方法对资金的需求有着天壤之别。

大征迁筹钱是头等的大事,直接涉及大征迁的成效。当年7月国家宏观形势比较好,信贷政策也比较宽松,开发区通过相关渠道和国家开发银行接洽贷款事项,申请贷款15亿用于大征迁工作。

15亿贷款如同鲲鹏展翅般地在天空中盘旋,看得见摸不着,等到全国开发区清理整顿工作结束,海宁经济开发区得以保留省级开发区的信息出来,国家信贷政策和形势都已经发生了变化,信贷卡紧了,开发区的贷款没有能够放出来。

　　调整再调整这是万全之策,计划中的拆迁工作难以为继,拆迁进度开始放缓,工作人员和已经草签协议的农户进行再次的沟通,并划定几个区域暂停拆迁。

　　征迁工作的调整,大多数农户是理解的,他们坚信开发区的领导是守信的,一旦条件成熟依然会履行拆迁协议。但也有一些农户感觉开发区是说话不算数失信于民,特别是一些刚需建房的人家,都有房屋危旧或者家中年轻一辈人要结婚等特殊情况,拆迁建造新房对他们来说是人生中一件刻不容缓的大事。

　　开发区的成长发展过程有许多拆迁中的故事,按许金忠的话来说,都是惊心动魄、令人难忘的事情。

　　下面是许金忠亲历的几个故事,足以说明"天下第一难"的分量。

　　故事一:那是一个中午,许金忠刚到办公室,就看到门口有人在等他。来访者名为易阿平(化名),他进来后一屁股坐在沙发上,开口就问:"我的房子事情怎么样了?"

　　"你的事情我们开发区是解决不了的,你想造房子也好,安置公寓房也好,都没有一条政策可以对得上,所以解决不了。"许金忠倒了杯茶放在他面前的茶几上。

　　易阿平一把推开茶几上的杯子,站起身来满脸铁青大声吼道:"那你们是不给我活路了?"

　　"我们是要按政策办事的,不是不给你造。"许金忠心平气和地说,"我们做事情是要有政策依据的,有政策依据也不是我个人讲了算,要集体研究决定,你的事情没有政策依据,所以放在随便啥人手里也是不行的。"他语气虽温和,但是斩钉截铁。

　　"那好,为这个事情我老婆都快神经了,既然你不给我活路,我也不想活了,今朝我和你一道跳下去算了。"易阿平话音未落就一把抱住许金忠。

　　"你如果真要跳,我陪你一道跳。"许金忠并不挣扎,反将易阿平拉到了窗口。

　　这是在新建的办公大楼,从楼上望下去地面虽然是绿化草地,但如果真要从十多米高跳下去,后果也是难以想象的。易阿平其实只是想吓唬许金忠一下,不想他不吃这一套,结果自然是自己怂了,站在那里不知所措。

　　许金忠抓住时机,重新将他拉到沙发上,说:"任何事情都是要讲道理的,你这样子能吓啥人?"

易阿平此时已经没有了先前的嚣张口气,喃喃地说:"你们总要帮我解决问题。"

易阿平所提的问题,确实不是开发区职责范围内的事情。他曾经是个下乡知识青年,当年在狮岭乡一个村里下乡务农,村里按当时的知青安置政策给他造了10平方米左右的一间平房,他随着大批知青回城后被安排在海宁化肥厂上班,他下乡时住的房子就归生产队公用。

在实行福利分房的年代,化肥厂里给他分配了一间20多平方米的单位宿舍,海宁实施房改政策后,易阿平享受政策把居住的宿舍作为房改房买下了。他的儿子在驻港部队当兵服役,退伍回来一时也没有工作,结婚后三代人同住在20多平方米的房子里,确实属于住房特困户,可他想买商品房,经济上却没有实力。当了解到开发区扩容升级开展大征迁消息后,他突发奇想:"自己下乡时曾经有一间10平方米住房,是以自己的名义建造,安置我住的,那房子虽然我不住了,但应该还算是我的房子,现在拆迁为何我不能去乡下申请宅基地? 我属有房无户,也是符合条件的。现在乡下自己造房子面积大造价便宜,市区道路与城郊道路都非常好,交通来去也方便。"这样想想他就直接去找开发区的领导,三番五次地去软磨硬泡,成了开发区的常客,也是开发区领导觉得头疼的一事。

虽然此事严格意义上讲与开发区是无关的,但本着人性化的态度,许金忠还是去了解了一番。易阿平的老婆确实去海宁第四人民医院诊治过很长时间,但这是在易阿平找开发区要宅基地之前的事。不过看到他家的住房情况,许金忠大为感叹,这确实是迈不进门槛的一户人家。事后,许金忠帮助联系安排了易阿平的儿子去派出所当辅警,首先解决了他儿子的工作问题,同时与副主任王一鸣找到市城投集团领导,提出帮易阿平购买一套小面积住房的想法,又请开发区一个企业以爱心形式给予适当支助,易阿平家自己拿出积蓄再加上贷款,最终解决了易阿平的住房问题。

跳楼事件可谓是惊心动魄,但客观地说,此事不属开发区分内之事,可一不可再,不能复制。但从另一方面来说,这反映了开发区领导的人性化工作。正是基于这样的工作方式和心态,开发区才能顺利地进行大征迁,并且取得成效。这种人性化工作的方式方法一直延续着,直到今天,在拆迁工作中依然能体现出来。

　　故事二:30多岁的张双木(化名)是从江苏来长山村的入赘女婿,生有一个女儿,他在新疆某市当兵时认识了同在那个城市做裁缝的长山村姑娘,江浙语言相近,更有年轻人相同的爱好,同在异乡的他们感到格外亲切,慢慢有了好感谈起了恋爱,张双木退伍后就随着女方来到了海宁狮岭长山村当上门女婿,并且到海宁市交通局下属一个公司做了驾驶员。由于家庭条件不算好,他家的住房还是20世纪80年代建造的二层楼房,面积小房间也少,开发区进行征迁时,按规定补偿费用自然相对较少。张双木仔细算了笔账,如果想要改善一下居住条件,开发区给他家的补偿款用于建造四层楼房是根本不够的。如果还是建造原来的面积,那和别人相比明显矮了一截,自己面子上也过不去。他想不通,既然开发区要我们拆迁,为何不能保证我们统一建造四层楼房的资金?

　　张双木到开发区上访,开发区给他讲了许多拆迁政策,明确告诉他不可能给他特例增加补偿款。他不服,又到海宁市政府上访,市政府的答复亦是如此。张双木思想钻进牛角尖,认为开发区的拆迁政策有问题,是侵害了村民的利益,就决定来"硬"的。他带了一瓶汽油来到嘉兴市政府上访,其结果自然是问题不能解决,他也因此被公安机关处以治安拘留15日行政处罚。

　　张双木被拘留时正值中秋的前一周,在拘留所里经过民警的教育,他认识到了自己违法的严重性。中秋本来是家庭团圆的日子,而他却不能与家人相聚,每天晚上他从拘留所的窗口看着天空中渐渐变圆的月亮,心里充满了悔恨。而此时在家的妻子也因他的违法行为担惊受怕急出了病。

　　张双木的极端行为引发了开发区领导深层次的思考,对这样的人需要反复做好工作,要从人性和善心关爱方面进行引导,才能消除不安定因素。鉴于他妻子生病的实际情况,开发区对村领导建议,让张双木妻子打报告向公安部门申请其丈夫提前解除行政拘留。这一情况也算符合法律规定,得到了执行机关的同意,经过办理法律手续后,对他剩余的日子暂缓执行。

　　许金忠原是交通局局长,后到开发区任职,熟悉原单位情况,就与下属公司的工会沈主席联系,建议公司等张双木出来后带两盒月饼去他家里,给他带去中秋节日的关怀,同时也进行教育工作,让他在单位的关怀关爱中转变思想,化解不安定因素。

　　为了让张双木的思想稳定,许金忠亲自找他进行沟通,告诉他:"你这样的行为对你的家庭有很大危害,会妨害家庭安定和小孩成长,况且你不能让你父母也被人笑话吧?"

通过沟通,许金忠感觉他也不是蛮横不讲道理的人,就充分肯定了他认识自己错误的勇气,并对他今后的工作和生活提出了许多好的建议。

一番春雨般的话语打动着张双木的心,他听得频频点头表态说:"许书记,我总归听你的,不会再这样了。"

又一个惊心动魄的故事,在开发区领导的人性关爱下妥善解决了。

故事三:开发区的扩容升级大征迁进入了关键时刻,城市的主要入口进行全面整治以提升开发区的形象,而盐湖公路和海宁大道交叉口大转盘处是本次拆迁的一个重点区域。

大转盘周边的物流企业以及一些低小散的工厂按计划签约后纷纷搬迁了。

征迁工作得到大家的共识,一切进展顺利,为保证拆迁过程中的安全,根据计划那片区域按时进行了停水停电的措施。

大转盘边上有一家小饭店,老板范新国(化名)从小患小儿麻痹症,是个腿脚不便的残疾人,他老婆因严重肾病做过手术。范新国的饭店面积不大,房子破旧,生意却是红火,给这个困难家庭解决了经济上的问题。开发区的拆迁工作进入攻坚阶段,但范新国对于拆迁赔偿的数额不满,始终不愿和开发区签订拆迁协议。

停水停电措施一实施,范新国的饭店无法再营业。范新国见街道办事处动真格了,火冒三丈,一大早背着被子铺盖直接赶到街道办事处,在大厅里一铺被子就睡在那里,并说:"你们街道办事处断了我这个残疾家庭的生路,我只能在你们这里过日子了。"此举确实让街道办事处一些干部措手不及,许多工作人员对他进行劝阻,他不理不说话、直接闭上眼睛。本以为他是做做样子给街道施加压力,谁料他一躺就是整个下午,且没有要离开的样子,眼看就到下班时间,街道办事处相关领导只好打电话给正在外面出差的许金忠书记。许金忠听取事情经过后,立即打电话给范新国在街道工作的小叔,让他去做好侄子的工作劝他回去。结果半小时后得到其小叔回复说:"我也没有办法了,和他讲不通。"

许金忠转眼一想又打电话给双冯村的书记张海青,请张海青开个车把范新国接回去,并出主意说:"你告诉范老板,现在许书记在外面出差,过两天他回来会上门找你的。现在你躺在街道办事处随便找谁都没用,只有找到许书记反映情况才能解决。"张海青接令后马上去街道,找到范新国后如此述说,此招果然奏效,范新国马上起身卷起被子铺盖坐上张海青书记的车就回去了。

范新国相信张海青书记的话,在家等待许金忠书记的上门。许金忠也没有食言,出差回来后就去了他家,还带了点礼品给他,礼品虽轻却温暖了范新国的心。做人的工作有时候一个微小的举动或许就会成为打开锁锈的润滑剂,把矛盾化解在一瞬间。许金忠善于运用这种心理艺术,并以此解决了不少"钉子"问题,当然真正解决问题的不是"礼物"而是一个干部的心,一个让群众能真正体会到感受到的干部为民的热心、真心和诚心。

在范新国家里,许金忠和他进行了开诚布公的沟通,明确说:"开发区的发展关系到海宁市的形象,你的小饭店要在那个地方长期开下去是不可能的,整个片区绿水青山环境优美,你这个破房子在那里去开个饭店,会影响市里的整体形象,所以拆迁是必须的。"

"我不是不同意拆迁,就是你们的赔偿太少了。我那个房子是当时村里造好后卖给我用来做饭店的,而且生意也蛮好,拆迁了,我咋生活?我是开饭店的,你们应该要按照商业用房来赔给我。"

"房子虽然是村里卖给你的,但没有土地证和房产证,根本不可能以商业用房的标准来赔偿。"……

商谈的结果是没有结果。

为了这个"钉子",许金忠和开发区(海昌街道)的领导带领工作人员几十次上门做工作,范新国虽有松口但还是不愿签约。

许金忠带领部门工作人员又一次敲开了范新国的大门进行沟通,他对范新国说:"我们拆迁是下大决心的,必须拆。当然你从自己角度看,这个饭店是你的生活主要来源,我们也不否认,所以是否大家考虑一个市政府能过得去,你这里也能够过得去的双赢办法。"

这句话敲开了范新国的心门,本来一直紧绷的脸松弛了下来。他问:"怎么个双赢法?"

"饭店是你的主要经济来源,我们帮你物色营业用房让你继续开饭店,一来是可以发挥你的本事,二来你也有了生活保障,这事我们可以保证。"

闻此话范新国有些心动,就答应再考虑考虑,当然这说辞是他给自己一个台阶,他心里是愿意的。

海宁市区文宗路上的保安公司外面有一排营业用房,许金忠觉得适合开饭店,就与保安公司老总陈新祥商议,给范新国租赁两间门面开饭店。

陈新祥了解了事情原委后立马答应了此事。许金忠把这事告诉范新国:"我看中了两间房子,那里还有个九方驾校,培训学车的年轻人不少,你手艺又好,去开个饭店生意肯定不错。现在学车的年轻人出手大方,请师傅吃饭是平常的事,驾校外面开有饭店就是方便吃饭啊。"

范新国听后沉默不语。许金忠又告诉他:"我们有一条原则,第一年房租由开发区出,给你免费使用,第二年的房租我们可以帮助出面叫保安公司优惠一点,具体由你和保安公司商谈,第三年及以后的事情就全部由你自己解决了。"

许金忠又带范新国去看了房子,他感觉还是满意的,房子也符合他开个小饭店的要求,就答应下来。

时隔三天,范新国就与开发区签订了拆迁协议,当天下午范新国找到许金忠,一定要请他去吃晚饭,对他说:"你们为了我的事跑了几十次,全是为了我好,今天是大转盘那里的饭店最后一餐饭,你无论如何也要到,不来就是看不起我。"

当天晚上许金忠和沈月康两个人应邀到了范新国的小饭店,范新国特地炒了几个拿手菜招待他们,他知道过了今天,明天将开始新的生活。拆迁让他和几个开发区(海昌街道)的领导交上了朋友,这是他从未想过的事情,这等好事怎么能不开心,而且两个领导不嫌弃自己店小环境差,能坐下来和自己喝一杯交心酒,说明他们是真心当我是朋友了。

党的基层干部生活在群众中间,每天和老百姓打成一片,党员干部和老百姓的距离如何近,就看你的心中是否为民所想,心中是否有老百姓的位置,干部与群众能同桌相坐,有时一杯酒一餐饭比一天的说教更有效果,干群关系如何只有百姓最有发言权,正所谓百姓心中有杆秤就是这个道理。

"我店里的东西今天晚上就全部搬走,明天你们就可以来拆除。"酒桌上范新国表态。

当天晚餐后,范新国没有食言,立即就将饭店的东西全部搬离了。第二天,那个小饭店彻底从开发区的版图上消失了。

时隔不久,范新国在文宗路上的小饭店正式开张,当天他再次邀请开发区许金忠等领导前去捧场,开发区特地送了几个花篮表示祝贺,同时也买了鞭炮放,祝愿饭店生意红红火火。

拆迁拆出了朋友之情,范新国此后和开发区的领导经常联系,逢年过节会打个电话问候,一直至今仍然如此。文宗路保安公司区块征迁后,范新国把饭店开到桐乡市去了,平时仍然会打电话邀请开发区的朋友去坐坐。

拆迁工作是"天下第一难",难在我们是否把老百姓的利益放在首位,心中是否有群众二字,这才是解决"难"字的关键。

为进一步拉大发展平台,腾出有限的土地资源,拆迁工作始终在路上,数据就是最有说服力的依据:

2004 年,435 户拆迁户进行拆平交地验收,完成 320 户、22 家企业拆迁评估;

2005 年,377 户拆平交地验收,完成 77 户、20 家企业拆迁评估;

2006 年,577 户拆平交地验收,完成硖东村、金利村、火炬村、泾长村、长山村、硖西村、双喜村、金星村等 1302 户、13 家企业拆迁评估,达 325 000 平方米;

2007 年,完成长山村 260 户评估,双冯村 127 户和东郊社区 26 户拆平交地验收;

2009 年,完成双冯村 386 户拆平交地验收;

2010 年,对泾长村 226 户拆迁评估,面积 60 000 平方米;

2017 年,利民村 403 户、隆兴村 184 户签约腾退后拆平交地验收,拓展出土地 2000 余亩。对前期征迁中遗留的 2 家企业、3 家农户经过工作进行了征收签约,并对已经完成搬迁的 4 家企业进行了拆除,这一年共拆除建筑面积达 82 505 平方米。

2019 年,腾退土地 17.39 亩,拆除建筑面积 12 330 平方米;扎实推进区域内"低产田"有机更新,腾退企业 9 家涉及低效用地 616.82 亩;

东区智慧港产业园建设及西区隆兴路"退二进三"工程,完成土地收储超 1000 亩,完成 13 家企业收储,面积约 788 亩。

征迁工作始终没有停步,先后拆除凌通电子等企业腾退厂房 5.8 万平方米,腾出土地 68.7 亩;完成慕容制革、司必林、奥森等 3 家企业的收储,收储土地 216 亩;全面完成迎丰村、星光村、光耀村征地工作;实施全域土地综合整治,对水文站、伊甸园等遗留区域拔钉清障;对 592 家"低散乱"企业整治,其中关停并迁 173 家,腾出土地 127.2 亩,腾出厂房 9.4 万平方米,拆除厂房 4.5 万平方米;实施麦克顿等 5 个旧厂房改造项目,新增厂房 3 万平方米以上,全面完成东区 32 家企业的废气整治工作并通过验收。

大转盘区块物流、快递企业全部搬离……

在征迁的同时开发区严格执行有关政策,对征而不用、开而不发的企业实施收回土地进行重新安置等措施。

一系列的措施都是为了将有限的土地资源使用在刀刃上,破解"天下第一难"只为开发区能够在经济社会的发展中不断地创造出新的成就。

海宁市委常委、开发区(海昌街道)党委书记陈中权认为:我们的一切工作都要考虑百姓的利益,开发区的建设一头牵着民生,一头牵着发展,两头必须兼顾。如果光说民生不讲发展,那么发展就没有动力,也就没有保证民生的经济基础;如果只顾发展不顾民生,那么开发区存在的意义又何在? 尤其是拆迁和整治工作更是要多考虑企业和老百姓的切身利益。

事实正是这样,开发区(海昌街道)在发展过程中,始终把民生和发展放在重要位置,两者相辅相成,历任的领导是如此,现今的领导也是如此。

开发区从成立之时就开始书写拆迁二字,其经济的发展过程与拆迁的过程紧紧相连,可以说"天下第一难"的拆迁工作,一个"难"字伴随了开发区30 年,到如今城市有机更新,开发区(海昌街道)不断提升区域整体形象,但拆迁工作依然在路上,"难"字常常成为"啃骨头拔钉子"的前缀。

大范围拆迁工作已近扫尾,拆迁工作越是到后期拆迁的难度越是加大,这是拆迁工作的规律,一般情况下总是简单容易的先解决,扫清外围再突破"中心"这也是拆迁工作中的策略,而"中心"则往往是一些"骨头"和"钉子"。

区街城乡管理办公室副主任沈斌,这位曾经在公安战线上奋战十多年的民警调任此职后,成为拆迁工作"拔钉清障"团队负责人。多年的公安工作经验和区街拆迁工作的实践,使他对拆迁工作有了新的认识,也对拆迁工作极有信心。

"只要我们出于公心为发展,在征迁中切实维护群众的合法利益,努力做细群众思想工作,就一定能得到群众的理解和支持。"沈斌的认识是和陈中权提出的发展与民生并重的理念一致,这也成为开发区(海昌街道)拆迁工作中的一个目标要求。拆迁工作中充分听取意见,切实保障老百姓的利益,保证拆迁工作依法依规地进行,就能做好拆迁工作,这一点沈斌是很有自信和决心的。也正是这种信心和决心,沈斌带领他的"拔钉清障"团队团结一致,心往一处想劲往一处使、汇聚成了一股强大力量去啃下一块块"硬骨头",拔出一个个"钉子",攻克一个个最后的"堡垒"。

针对中心那些"骨头"和"钉子",为进一步使征迁工作顺利进行,区街成立以主要领导担任攻坚总指挥,分管领导和联村领导担任副总指挥,属地村

(社)一把手作为拔钉清障工作"第一责任人",组建条线部门、属地村(社)、联村干部队伍为成员的"遗留攻坚"战队。其中条线部门骨干充当"主攻手",把握政策,操盘攻坚遗留户的正面推进;村(社)干部充当"二传手",掌握思想动态适时引导纾困;联村干部充当"副攻手",旁敲侧击"和稀泥"同时弥补谈判力量,实现"1+1+1>3"的效果。通过各司其职形成"拔钉"合力,全面推进"拔钉清障"工作。

一场奋战80天为目标的"拔钉清障"夏日攻势全面展开,这是一场声势浩大却没有硝烟的拆迁战,需要上下一心各方配合,讲究战略战术:战略上需要高度重视,充分以百姓利益为前提,依法制定各种政策。战术中要分析各个被拆迁对象的情况,根据不同对象采取相应对策,组织有"主攻手""二传手"和"副攻手"分工协作适时攻坚的战术布局,这种战略战术足以显示组织指挥者的足智多谋。

陈明亚可谓是"拔钉清障"团队中的一员老将,他从2013年开始从事征迁相关工作,始终在拆迁一线与群众接触,多年的拆迁岁月磨炼出他的胆识和智慧,也因此解决了众多影响区街有机更新的"拦路虎"。

"我觉得给群众解释好相关政策非常重要,不少遗留户死死不松口的原因,就是对自己的房屋定位过高。"陈明亚根据自己多年来的拆迁实践,分析总结出拆迁工作中出现的问题,主要就是农户对自己住房的定位问题。因此,解决此问题不仅要以理服人,更要有事实依据,这样才能让拆迁户口服心服配合工作。而且有时候部分群众对政策的理解不够透彻,仅仅来源于道听途说,或者喜欢所谓的"灵市面",只知道别人前几年征迁是什么补偿标准,不知补偿标准是按不同时间不同区域等情况实施的,征迁补偿的价格存在很大差异,不能一概而论。所以在拆迁工作中必须给他们解释透政策,并根据他们家庭的实际状况作出分析,帮助他们选定合适的建议方案,以负责任的态度做到真心为拆迁户解决实际问题。

基于这样的拆迁经验,陈明亚和他的队员们运用拆迁的智慧和策略攻坚克难,和一家家拆迁户交上了朋友,成为拆迁家庭的参谋,化解了许多遗留的矛盾,使拆迁工作顺利进行。在80天的攻坚战中,成功地将10个长期影响建设发展项目的难点、堵点相继攻克。

郁圣涛虽然从事拆迁工作时间并不长,但他善于拓宽思路,凭着自己的韧劲和冷静的态度,抓住时机寻找突破口,在拆迁工作上赢得主动,解决了不少难题。

曾经历过不少坎坷的郁圣涛谈起拆迁工作有很多的感受,尤其是在刚开始接触这项工作时,面临的都是遗留下来的"钉子"户,这些住户见到这些年轻人上门,都是爱理不理甚至拒之门外。

做工作的前提要坐下来商谈,即使不坐下来那也得站着面对面,可是连门都不让进怎么个谈法? 即使让你进门了,他也只听不说不搭理你,任你海阔天空说上一堆大道理,他就是认准一条:"满足我的要求就行。"

如此不对称的交流又岂是一个"难"字可以形容的? 对工作人员来说简直是一场马拉松式的长跑,能否跑到终点全看运动员的毅力,在对李钉子(化名)的拆迁中,郁圣涛就碰到了这样的情况。

李钉子是个在东山大桥北侧十八年"雷打不动"的住户,该住宅周边基本已经拆迁完毕,征迁人员不断地对其做工作,李钉子仍坚持不拆,他说:"不答应我的条件就是不拆,你们又奈何不了我。"

李钉子看到区街城乡管理办郁圣涛、孙佳树及碧海社区李燕上门,就以和你们这些小青年讲了也没用为由拒绝沟通。

面对如此窘境,郁圣涛知道现在既不能气馁更不能恼羞成怒,而是要以持之以恒的心态,要带着真诚的感情去与他反复沟通。因此只能自找台阶说:"这个事情你再考虑考虑,我们下次再来。"

如此反复被拒,郁圣涛他们不气馁,虽然心里有说不出的苦恼和难受,却还是耐着性子一次次上门,或许是精诚所至,这次情况终有好转,郁圣涛没有被拒之门外,李钉子也听了他们许多关于拆迁的政策,偶尔也会说些补偿太少的话语,但对于拆迁签约问题始终没有松口。

能够有适度交流就是一个好的兆头,郁圣涛心想:"虽然这次上门,对方仍旧没有松口,但只要大家愿意坐下来交谈,即使过程坎坷,但总能找到沟通的渠道,找到解决问题的关键所在。"

一次不成再一次,一次次的上门沟通寻找突破口。在走访中了解到,李钉子的儿子上研究生即将毕业,并且已找好了女朋友,这让工作人员找到了交流的切入口。在"毕业安家结婚生子"问题上双方有了话题,心结在你一言我一语中慢慢解开。

"年轻人学历高要面子,家里有条件拆迁却不搬,对他的发展会有啥影响?"

"破旧的房子能吸引谁家的姑娘来当媳妇?"

"政府的决策是为了大多数群众的利益,决定是一定要执行的,不会因为个别人的原因而停止,政府用法律作保障。"

…………

工作人员留下许多温情但也有威慑力的话语,让李钉子深思良久。

"拔钉清障"既要"动之以情晓之以理",也要有"硬手段",在刚柔并济中以柔克刚,在"公开、公平、公正"原则下清退阻碍城市建设的"拦路虎"。

"最重要的是要让他们意识到,我们并非对立面,我们也在政策允许的情况下为他们争取最大的利益。"经过无数次的上门工作,终于让李钉子认识到拆迁工作人员是真心为了他们好,并不是有些人所说的那样拆迁是开发区得利、农户受损,而是一个双方得利的好事。

滴水石穿,终成正果,和李钉子有了真正的交流也搞清楚了他不肯拆迁的意图,对症下药后解决了他的顾虑,拆迁协议也就顺利签订了。

开发区的经济建设不断提升,许多村民都外出工作白天很少在家,有许多人家是出租房甚至空关房,要找到房主有时真难,只有孩子放假时农户家里或许才会有人回来,因此每逢节假日反倒成了郁圣涛他们最忙碌的时候。"趁着假期遗留户可能在家,就可以多上门多了解情况做做工作,也可以联络下感情。"正是有这样一个认真负责的拆迁团队和这样一批队员,开发区(海昌街道)的遗留户拆迁工作才能得以一步步推进。

陈明亚、郁圣涛、孙佳树、李燕等一个个勇挑重担敢于担当的团队成员,用他们的勇气、胆识、智慧和方法,去打赢了一场场攻坚战。

海涛路北端硖仲路交叉口,是一个车流量比较大的交通路口,经常发生堵车现象,交通事故也时有发生,直接影响开发区(海昌街道)区域道路整体形象,老百姓意见很大。自从海涛路有机更新项目启动以来,那里却有住户以各种理由不愿搬迁更不愿签约,影响了海涛路与硖仲路十字路口的基础建设。

拆迁队员不厌其烦地一次次上门做工作,反复宣传拆迁政策,妥善解决拆迁户的实际问题,终于解决了这一阻碍道路建设的棘手问题,遗留住宅按期在挖掘机的轰鸣声中彻底拆除,一个设计完善的城市道路有机更新方案,一个具有现代设施的十字路口,彻底缓解了周边道路的拥堵情况。

沈斌认为城市有机更新工作中,对于拆迁工作必须认真分析研判每位遗留户的实际情况和诉求。每家遗留户肯定有他自己遗留的想法和原因,各个遗留户的需求都是各不相同的,有的要钱认为赔偿太少;有的要房感觉房子安排面积少;还有的存在一些其他诉求,甚至是与拆迁毫无关系的诉求。因此"拔钉清障"团队应该对每个遗留户制定"一户一策"方案,并做好常态化交流和信息积累工作,要换位思考对合理的诉求在政策允许范围内尽可能满足,而对于不合理的诉求则要给予回绝,对无理取闹的人则适时采取法律和行政手段,使拆迁工作做到有法有据有理,同时做到人性化和亲情化,这样才能全力推进"拔钉清障"工作。

海涛路北段的陈阿二(化名)以各种理由不配合拆迁工作,工作人员通过认真研判遗留户的基本情况和社会关系后,制定了"一户一策"的方案,充分借用在安置选择上该户家庭成员之间的分歧,掌握其心理矛盾,果断采取法律手段瓦解其希望做"拦路虎"抬高安置条件的心态,最终使其签下协议并迅速腾房。

小徐庙遗留户蒋阿林(化名),其经营的企业虽然不上规模,但面对拆迁认为是个发财的好时机,也咬紧牙关不松口,影响了海涛路北段的拆迁进程。工作人员不畏艰难多次上门与其协商,并且给当事人认真算其经济账,蒋阿林在工作人员的劝导和计算的经济账面前,权衡利弊,感觉自己并不吃亏,当即选择签约安置,工作人员又多次陪他到政务中心办理有关手续,对拆迁工作蒋阿林很是满意,签约后仅20天就卖掉设备,腾空房屋交予政府拆除了。

攻坚战取得了巨大的成果,一个个"李钉子"的不断签约,一些"榜样"的树立使拆迁工作出现了多米诺骨牌效应,越来越多遗留户愿意走到协商桌前,在维护自身利益的同时又较理性地对待征迁安置事宜,把拆迁工作推向了良性循环的轨道。曾经的重点区域东山大桥北侧区块所有遗留旧房也已拆除清盘,拆除旧房屋迎来新生活,周边的城乡风貌和环境卫生有了极大提升。

"拔钉清障"团队再接再厉,又将目光瞄准金三角区域内阻碍重点项目开展的重点遗留户,全力以赴地做好攻坚工作,争取再创佳绩,助力区街城市有机更新。

第二十四章

数智经开　招商引智插翅膀

开发区的建设令人刮目相看，特别是泛半导体产业园的建立与半导体相关的产业链不断入驻开发区，使开发区的全体干部职工对"招商引智"更是增添了无尽的信心。

开发区分管招商引资的张权和胡轶诚两位副主任在这个充满希望的秋天忙得不可开交，开发区在收获的季节中如何抓住时机，使这项工作更上一层楼成为招商工作的主题。

分管开发区招商局工作的张权副主任年轻精干，这位从公安队伍中选拔出来的副主任，从市政府招商局副局长职务转岗过来，对招商工作有很深的感情，也知道招商的艰辛。而胡轶诚这位副主任曾为大学生村官，历经海宁市财政局经济建设科锤炼，从中层干部跨入开发区（海昌街道）任副主任，两位副主任分管开发区招商局和泛半导体产业发展局的工作，他们密切配合，相得益彰，招商工作取得重大成绩。

开发区招商局局长金朝刚与泛半导体产业发展局局长徐磊不负众望，身体力行带领自己的团队奔跑在招商工作第一线，以自己的实际行动在岗位上践行党员的初心，使招商工作开展得有声有色。

秋天，正是丰收的季节，太阳照射在身上不冷也不热，恰如春天刚来临时那样的温和。

招商引资工作在这些领导的精心部署中，带着秋天的希望再次扬帆起航。

"出发了！"午饭刚过，徐磊就招呼同行的人员前往上海机场，这次是准备去日本招商。作为泛半导体招商局的领导，这段时间特别忙碌，一方面是半年已经过去，好多项目都在洽谈，但真正落地的还不多，许多项目尚需进一步地交流和沟通,另一方面也是自己一种强烈的责任感,认准的事情自己一定要尽力去做好。多年来的招商引资工作,都是在奔跑着抢抓机遇,现在和过去虽然有所不同,但出差已经成为常态,可以说招商员一年中出差在外的日子近半,夸张一点说一年都要跑坏好几双鞋子。

陈中权看到徐磊拖着个旅行箱、提着个电脑包上车的样子,心里有些说不出来的感觉。他知道这些招商员出去时箱子里装的主要是开发区招商引资的宣传资料和基本情况介绍,这些印刷的宣传品,看似薄薄一叠纸张但重量不轻。在招商引资过程中,带少了不够用,面对客户进行介绍时,如果不给资料就显得自己对招商不重视,甚至是不尊重人家;而带多了如果用不完回来时放在行李箱里就是个累赘,扔掉则是辜负了自己辛辛苦苦带去的初衷,还会给招商地留下不好的印象。

这是个两难的事情,也是招商员出去时比较头痛的问题。

作为开发区的领导,陈中权也曾经在招商引资的道路上奔跑过好多年,尝过招商员的甜酸苦辣,也感受过招商员的欢乐兴奋,对招商工作具有发言权。

开发区的发展历程,曾经给陈中权开了个不大不小的玩笑,2018年开发区与海昌街道进行再度合并后,次年他调任海宁市委办公室任主任之职,结果一年半后他重新回到开发区(海昌街道)任职,半年后,他以海宁市委常委的身份,兼任了开发区(海昌街道)党委书记及开发区管委会主任之职,2021年11月,开发区设立党工委,他又重新任职为海宁经济开发区党工委书记,海昌街道党委书记。

合并后的开发区(海昌街道)一套班子两块牌子,李振由开发区党工委副书记、管委会常务副主任改任开发区党工委副书记、管委会主任之职;丁军任开发区(海昌街道)党委副书记、办事处主任,其2021年8月调离海昌街道任市民政局局长后,由陈海涛接任开发区党工委副书记、海昌街道党委副书记、办事处主任之职。

陈中权作为统管区街工作的常委和书记站位自然要高,对开发区(海昌街道)发展也有更深层次的考虑。

数字经济已经成为当代经济社会发展的主流,能否开发应用数字化平台,实现招商引资和区街管理的数字化管理,从而开创区街工作新格局?

招商引资工作会议上,陈中权提出了自己的思路:开发区要打造一个全新的数字化招商模式平台。"你们能不能把开发区的情况,包括各种现有资源、照片、入驻企业情况、招商地图等,用 VR 的技术形式全部反映在屏幕上,创建一个'数智经开'的大平台?"

陈中权提出:"海宁经济开发区'数智经开'平台要通过整合企业数据、空间数据、产业数据等方式,不断实现大数据与招商全流程相融合,打造具有系统性、创新性、突破性的招商数据库,创建数字化招商新模式。通过招商数据库可以更加全面知晓本地企业的发展情况,并根据企业需求及时给予支持与帮助。同时要有以数据为基础形成的产业发展分析,能鲜明地展示产业的市场现状和发展前景,更方便详尽地向客商介绍园区营商环境情况,为精准招商提供必要的数据支持。"

这是一个全新的理念,对开发区来说,以 VR 技术打造一个应用计算机科学技术支撑的招商引资平台,无疑是鸿蒙初辟的大事。

开发区浙江钱塘江投资开发有限公司接受了这个寻找研发机构开发软件的任务。

虚拟现实技术(Virtual Reality,简称 VR),也就是虚拟和现实相互结合,这是 20 世纪发展起来的一项全新的实用技术,是利用计算机模拟产生一个三维空间的虚拟世界,提供用户关于视觉等感官的模拟,让用户感觉身历其境,可以没有限制地观察三维空间内的事物,实现方式是计算机模拟虚拟环境从而给人以环境沉浸感。

寿祝平作为这项任务的联系人之一,初领任务深感任务艰巨。这位从萧山来海宁工作已经 20 年的副总经理,曾经从事桥梁建设,造过市区的蒙努大桥。到开发区后负责接待和后勤工作,承担了开发区的物业管理职责,对于计算机行业可以说只是简单知晓,要寻找这个平台的研发合作单位不亚于大河中捞鱼,不知深浅也不知鱼在何方,怎么去寻找合作伙伴呢? 只有自己对这个技术有所了解,才能对合作单位提出设计要求。这正如招商员必须了解半导体的基本要点,才能和相关企业洽谈,帮助解答提出的问题是一样道理。

学习学习再学习,他向专家请教学习,坚持自学并在网上查阅资料,又向本省和外省有类似平台的单位取经,一步步地了解什么是 VR,其有哪些内容和技术要求,慢慢地对这个问题有了一定的认识,从而找到适合开发区合作的软件开发单位,定制了"数智经开"平台。

经过一次次地修正提高,"数智经开"逐步完善,平台采用"数字招商、数字空间、数字园区"三大板块及"数据治理"解决方案在内的"3+X"架构,为开发区招商引资、园区管理、企业服务、疫情防控等多项工作提供数字赋能。

可以这么说，这个平台建设起来后给开发区的发展建设提供了一个全新的模式，特别是在VR全景模式下，招商人员可以生动形象地为客商展示园区的土地资源、空间载体、周边环境等视觉画面，让客商感觉有进入现场实地察看的效果，还可以将相关经济数据、产业政策全面展示，实现有内容有数据地"远程看房"，提升招商洽谈的效率。

"数智经开"上线以后，平台已上线58万平方米的厂房信息和307亩土地资源的所有数据，收集了泛半导体、航空航天、生命健康三大战略性新兴产业和时尚产业的各类招商项目信息300余条，园区企业相关数据24 000余条，并已导入合同数据1405份，同时，"数据治理"的网格通功能已上线数据约13.6万条。

开发区上线了"数智经开"平台，率先启动招商板块，运用数字孪生、大数据分析、人工智能等前沿技术，招商工作人员在招商现场只需利用计算机和大屏幕，就能以三维立体的现场场景向客商展示开发区的区位优势、土地资源、空间载体资源、城市公共配套资源、产业政策等信息，从根本上改变了经济开发区招商引资的模式，告别了过去携带大量纸质资料的状况，向客商介绍也变得更加直接更加清楚，极大地提高了双方洽谈对接的效率。

在日本招商的现场，徐磊一行招商人员一改以往坐下来分发资料的陈旧模式，而是轻松地打开电脑，点击电脑键盘打开海宁经济开发区"数智经开"平台数字招商板块，以全新的VR技术在大屏幕上展现了海宁开发区的区域位置、产业布局、相关政策等，直观地向客商作了全面介绍。在一张厂房布局画面中，徐磊点击后，一幢幢厂房的内部空间布局十分清晰地出现在客商的面前，这种三维虚拟图像让面前的客商十分赞赏，不出国门就能了解来招商单位的各种情况，不仅是节省了许多前期的考察资金，更是节约了时间，自然招商的效果。对招商人员来说，"数智经开"可以有效实现招商工作的全流程跟踪和全量化管理，不断推进招商引资的效率，助力项目早落地、早投产、早达效。

日本招商取得了很大的成功，行程4300公里，辗转4个城市，拜访7家企业，并和3家达成合作意向，现场与一家直接签约，实现了招商工作的再突破，这不能不说是招商人员努力的结果，而这个平台也给招商工作提供了良好条件。

按设计计划，"数智经开"平台分阶段快节奏地完成迭代升级工作，围绕考察选址、招商对接、落地建设的招商全流程,通过持续完善"功能应用",不断充实"数据底座",建立起一个有针对性个性化的产业招商大数据库,并将研究如何逐步打通与其他数字平台间的数据壁垒,实现数据的互联互通共享共用。同时将以"数字招商"为起点,推进"党建引领""社会治理""百姓服务"等应用模块的开发,逐步形成功能完备、场景多元、服务健全的"整体智治"四大平台,为海宁经济开发区高质量发展"集智赋能"。

第二十五章

党建引领　政治环境优先创

　　落实新时代党的建设总要求,是开发区(海昌街道)党工委作为重点抓手进行的一项工作,30年来开发区(海昌街道)的领导虽然换了一任又一任,但每一任党的领导干部始终把党建工作摆上首要位置。

　　抓好党建工作的重要性对开发区党工委来说是头等的大事,党工委领导认为其重要性体现在以下两个方面。

　　一是培育好基层党支部和党员的定力问题,也就是党在经济工作和社会治理中的引领工作,尤其是村、社个别支部书记和党员平时说话较随意,容易产生不良后果。所以要加强对党员的培训学习,让他们领悟党的重要精神,在思想上方法上给他们把好关。有哪些话可以说,哪些话不能说,哪些话可以在党内说,特别是党的基层领导在政治觉悟方面要比一般党员高一些,必须要有政治敏感度,在大是大非面前必须和党中央和上级党委保持一致。

　　二是培养基层支部以身作则,带领群众(职工)充分发挥战斗堡垒作用。党员如何去发挥先锋作用?党员和群众是有区别的,在单位里面党员要冲在前面,体现党员的先进性,尤其是民营个私企业里面要更多地发展骨干党员,发挥党员的积极作用,带领开展企业内的技术攻关,为企业发展发挥出共产党员的先锋模范作用。

　　党建工作是务虚的工作也是务实的工作。说是务虚因为这是我们党高屋建瓴对国家的方针政策的宏观指导和要求,许多事情是手摸不着眼睛直接看不到的东西,必须通过每个党员加以落实后才能化为实际的行动。说是务实的工作则是党建工作与国家经济发展和社会治理的每一项工作都是密切相关,任何工作中都能体现党的精神。

　　现任党建办主任柴丽丽回忆起党建工作的发展过程感受颇深:2005年我大学刚毕业,是预备党员,到开发区以后转为正式党员。当时开发区还不是党委,只是市里机关党工委下面一个支部,党员也不是太多,具体做党建工作只有一个老同志,那个时候对开发区区域内企业的党建工作基于人力等多种因素,基本上没有去抓,这种状态延续了好几年,到2011年的时候,开发区建立了党工委,此后区域内的企业党建工作就全面铺开了。

　　现在开发区(海昌街道)主管党建工作的人员配备可以用配足配强来形容,党建办主任下面还有四名副主任,主抓组织、纪检、文化、宣传等条线,每条线都有一位党委委员对应分管,并且有一名党委副书记全面挂帅,可以说,从党的组织系统来说,已经是构架了完整的工作网络,给开发区党建工作奠定了坚强的组织基础。

　　完整的组织配备对开发区党建工作具有强大的支撑力,因此,在党建工作中根据开发区的特点创建了两大品牌,一是半导体产业园产业链党建"潮城芯未来",二是漕河泾党建综合体。

　　对党员的教育培训成为常态化工作,柴丽丽认为,第一块就抓基础,把基础抓实,提升他们党务工作的水平。一般企业很少有设置专职人员做党务工作,因此要让党务工作者、党支部书记提高认识,在全域党建强基工程实施过程中,重点是支部手册,党员培养业务能力,党员发展中注意事项、三会一课怎么开展,创建活动如何上"浙里联心网格系统"和"红色根脉强基系统"两大平台,把每个月各种党内的活动和各项工作都全部录入数字化信息系统中。第二块是抓品牌。这是党建工作中非常重要的一环,开发区(海昌街道)对三家企业创建了各具自身特色的党建品牌。

　　安正时尚集团主打时尚服装,其特色是以一流的设计理念创造美,让世界感受美,因此就以"创美党建"创立党建品牌,用党建品牌融合企业品牌,与企业的愿景相辅相成。

　　海宁纺织机械有限公司主打高科技机械设备,企业科技人才运用现代科学技术创新发展高新产品,因此就以"科技之光"创立党建品牌,用党建品牌体现企业的发展特色。

　　天通瑞宏科技有限公司主打半导体芯片,作为高科技芯片相关的企业,则是以"宏芯链"创立党建品牌,用党建品牌形象去宣传企业的高科技产品,把企业的特色呈现出来。

　　开发区(海昌街道)17个村(社区)的党建工作,则是根据每个村的特色创立自己的党建品牌，每个村（社区）那种贴近生活叫得响的党建品牌对党员起到了教育激励作用。

对于党建工作中创建品牌的想法，柴丽丽说："我到党建办以后就特别想做这件事，我们党委书记陈中权曾经说过，'党建工作一定要抓出特色，创出自己的品牌，这样就能更加有效地指导企业的创新发展'。我们就是按照领导的思路去抓好这块工作。"

为充分发挥党建的引领作用，创新"党建+"的模式，开发区（海昌街道）在经济工作、社会治理、"两新"组织中都把党建工作摆在重要位置，真正起到了党的引领作用。

开发区（海昌街道）党委认为，无论是经济工作还是社会治理工作，都离不开党的路线方针和政策的指引，尤其是区街平衡发展过程中，如何转变经济增长方式，如何振兴乡村走向共富道路，这是开发区（海昌街道）面临的首要问题。

"抓党建促经济发展、促乡村振兴，加强城市社区党建工作，推进以党建引领基层治理，持续整顿软弱涣散基层党组织，把基层党组织建设成为有效实现党的领导的坚强战斗堡垒，全面提高机关党建质量，不断推进基层单位党建工作。"开发区（海昌街道）党工委领导在加强党建工作的要求中提出了目标，同时提出要"加强混合所有制企业、非公有制企业党建工作"的要求。

有了目标就有行动，党建工作在区街这块土地上广泛开展，把党的组织工作深入基层一线，激励党员在各自的工作岗位上发挥先锋模范作用，在学习宣传贯彻党的二十大精神中得到具体的落实。

——开发区（海昌街道）在党工委的领导下，全体党员认真学习党的二十大精神，创新学习方法，强化学习效果，把党的声音传播到千家万户。

学习也要创新，要结合当代的潮流充分运用群众喜闻乐见的形式，才能收到事半功倍的效果。开发区（海昌街道）在宣传和学习上动了脑筋，开设了"今晚八点'伴'"抖音直播间。

抖音直播是近年来普遍受到群众喜爱的一种自媒体宣传形式，鉴于其短平快的特点，与观众能够进行直接交流，从而主播与观众更能沟通，一下子成为视频中的首选，开发区（海昌街道）选其作为宣传二十大精神的媒体无疑是一个良好的选择。

晚上 8 点，开发区（海昌街道）宣讲员上场，开始运用网络直播平台向辖区全体党员传达学习党的二十大精神。

在直播间宣讲员将党的二十大报告与开发区（海昌街道）发展紧密联系起来，并在直播中对群众关心的村级经济发展、社会治理、文明典范城市创建、共同富裕等问题进行交流互动。

直播吸引了众多粉丝，大家为这样的创新方式纷纷点赞。粉丝们纷纷为家乡的发展建言献策加油鼓劲，开发区（海昌街道）全域掀起了学习贯彻党的二十大精神热潮。

开发区（海昌街道）组建了"潮城'芯'声"宣讲团，组织宣讲员奔走企业、村（社区）、机关、工地……以丰富多彩且形式多样的活动方式，对全体党员和群众深入开展党的二十大精神宣讲实践，同时组织基层各党委、支部采用多种形式将宣讲活动覆盖各个领域。

党建工作深入一线，党的二十大精神宣讲深入人心，党的声音在开发区（海昌街道）的上空飘荡，党的精神在群众中深入内心，党的形象展现在开发区（海昌街道）的每个党员干部的身上。

——在双山村的武莲海种基地，一场以当地现实案例为教材的宣讲活动正在热烈地举行，近百名村民和承包经营户齐聚一堂，认真地听取村级宣讲队员的党的二十大精神宣传报告。阳光照射在身上让人感觉温暖，而党的二十大精神让人感觉比阳光更加温暖，是入骨入心的温暖，党的二十大精神中的"共同富裕"精神让每一个在场的人心潮澎湃。

双山村的宣讲活动没有按常规设置在文化礼堂进行，而特地将地点设在了"山海协作"武莲海种基地，就是为了用身边山海协作的典型事例，更深入、更有针对性地讲解党的共同富裕的重要内容。村民们都知道本村已经成为远近闻名的网红打卡地，莲花、荷叶、莲子，旅游观赏、设摊经商，武莲海种基地已经是村民生产生活的重要组成部分，这一切都是"共同富裕"的典例。回忆30年前的双山村，除了低矮的平房、泥泞的乡间小道、各自为界的水田等贫困落后的现状外，根本就没有富裕的道路可行。是党的改革开放政策，是党的富民政策和党员干部实践好落实好党的政策，才改变了双山村一穷二白的面貌，才使得村级经济得以发展、村民得以幸福。

用鲜活的事实讲解党的二十大精神，通俗易懂，激发了党员"不忘初心、牢记使命"的党性，激发了村民爱党爱国的家国情怀，也更加深切地感受到没有共产党就没有新中国的真理。

——在横山万亩现代农业园区，宣讲队和社区干部一起站在"万亩良田"之中，秋风吹拂着大地，温暖的风中夹带着丝丝的稻花馨香，平整的田野中层层的稻浪在风中点头，恰似海宁潮涌一般令人心旷神怡。

"确保中国人的饭碗牢牢端在自己手中。"在田间地头学习党的二十大精神，用党的精神结合农业生产的实际，普及农业生产知识，增加村民对培植"万亩良田"发展农业生产对保障粮食安全重要意义的认知，用现实生动的实践效果教育村民深刻领悟党的二十大精神。

——在双喜村，党总支委员杨海萍组织宣讲队员拿起锄头镰刀深入"共富菜园"劳作中，在学习中劳动，在劳动中学习，通过这种形式让年轻的宣讲队员更接地气，杨海萍深深地体会到："学习和实践密不可分，通过这种劳动体验的方式，可以让宣讲员更深地学习领悟党的二十大精神内涵，在今后的宣讲中更能展现真挚的情感。"

——在海宁亚润袜业有限公司"五彩亚润"广播中，常态化开展了党的二十大精神的宣讲活动。这家专业从事棉类、亚麻、羊毛质地等袜子生产经营的中外合资企业，在开发区已近 30 年，有员工 600 多人，这家企业见证了自己在开发区的成长过程，更是从内心感觉中国共产党的伟大。

"人均预期寿命增长到 78.2 岁，居民人均可支配收入从 16 500 元增加到 35 100 元，城镇新增就业年均 1300 万人以上。"

"党用伟大奋斗创造了百年伟业，也一定能用新的伟大奋斗创造新的伟业。"

宣讲员利用企业广播站将党的二十大报告原文、学习金句、个人感悟等通过话筒传达至一线车间，送到每个职工的心里。

——洛隆社区几十个小区居民围坐一圈，一场别开生面的"板凳课"拉开了党的二十大精神宣讲课，宣讲员劳仁元与群众面对面用"土话"给大家讲授了"共同富裕、精神文明"的小故事，用发生在小区身边的故事形象而生动地吸引小区的居民，把党的方针政策用因地制宜的方式带给小区居民，收到良好的宣传效果。

——在鹃湖新青年中心项目建设工地，海泰建设有限公司党支部针对项目工期紧任务重的特点,特地组织宣讲员深入工地一线,将党的二十大精神传播到正在加班加点的党员,给他们提供精神食粮。

——火炬社区党总支委员、居委会委员金林燕在开发区(海昌街道)党建办挂职,是宣讲团青年宣讲员,为把党的二十大精神讲准讲深讲透,她努力学习认真备课,在泛半导体产业园内给漕河泾海宁分区、泛半导体联合支部的党员进行宣讲,字正腔圆的语音深深地吸引了在座党员:"国际经济形势复杂多变,半导体行业面临巨大挑战,只有在科技创新上发力突破,攻克'卡脖子'技术,我们才能在挑战中赢得主动,才能不断发展。"

…………

党建工作鼓舞党心鼓舞民心,党的二十大精神在开发区(海昌街道)的地域上空时时飞扬,开发区(海昌街道)党工委始终将党建工作践行在经济建设和发展中,在党建引领下与时俱进创新工作方法,用聚焦高质量党建工作,助推企业高质量发展的思路,在企业内发展共产党员,组建党的组织,注重在非公有制企业建设党的支部,使企业中的党员在工作中发挥出党员的先锋模范作用。

党建工作深入机关田头,深入区街的每个企业,在开发区(海昌街道)扎实推进"两新"党组织"六星争创"活动,不断激发党建工作助推发展动能,着力打造一批"党建强、发展强"的示范企业。近年来,开发区涌现出一批创新党建工作的先进支部,涌现出一批优秀的共产党员,他们在自己的岗位上默默无闻埋头苦干,用自己的行动带领身边的群众,用自己的光亮带给群众温暖,在企业中敬业奉献钻研业务,科技创新攻坚克难,展现了新时代共产党员的光辉形象。

党建工作的丰富多彩,为广大干部群众指明前行的方向,成为激励广大干部群众的精神动力。

1945年10月17日,毛泽东在延安干部会议上做了《关于重庆谈判》的报告,报告中把共产党人比作种子,把人民比作土地,号召"所有到前方去的同志,都应当做好精神准备,准备到了那里,就要生根、开花、结果"。由此,《我们共产党人好比种子》的歌曲唱响全国各地:"我们共产党人好比种子,人民好比土地,我们到了一个地方,就要和那里的人民结合起来,在人民中间生根开花。"

毛泽东形象地把"共产党员"的作用作了十分明确的阐述,给每个党的组织和每个共产党员指明了方向,这是共产党群众路线的经典,一直指导我们党砥砺前行。

一个共产党员就是一面旗帜,是一面迎风飘扬的旗帜,看到这面旗帜,老百姓就有信心和希望。

政府机关党员是如此,开发区的党员是如此,企业的党员也是如此!

共产党员——一个响亮的名字,时时刻刻都在各自的岗位上发光发热。事实证明,我们的党员在实践中得以锻炼、在重大斗争中注重磨砺,着力增强防风险、迎挑战、抗打压能力,增强服务群众本领、攻坚克难勇于进取本领、推动高质量发展本领,敢于担当,有所作为,做到平常时候看得出来、关键时刻站得出来、危难关头豁得出来,发挥新时代共产党员的先锋模范作用,树立新时代共产党员的光辉形象。

开发区(海昌街道)更加注重在"两新"组织中的私营企业、外商投资企业、港澳台商投资企业、股份合作企业、民营科技企业、个体工商户、混合所有制经济组织等各类非国有集体、独资的经济组织和各类社会团体和民办非企业单位中的党建工作,充分在园区的各个企业中建设党的组织,在企业中积极发展新党员,把党的种子洒向企业。

开发区(海昌街道)众多企业中党员队伍不断壮大,他们和社区、村级组织中的党员一样,发挥党员的先锋模范作用,把党的指示落实在基层,领导和带领广大群众一起朝小康社会的目标奋进。

——海宁市第一家非公有制企业天通股份有限公司党委,下设 5 个直属党支部和 15 个党小组以及 5 个双管属地管理党组织,中共党员人数已达 318 人,是海宁市首家省级双管"两新"组织。

党员如何在自己的岗位上发挥出先锋模范作用,如何树立新时代共产党员的形象?

天通集团属下各个支部的党员,在各自的岗位上展现了党员的风采。

天通集团旗下的天通瑞宏科技有限公司于 2017 年入驻开发区,是集重点研发、流片生产、封装测试和市场销售为一体的声表面波(SAW)滤波器的高新技术企业,属非公有企业,天通集团党委和开发区党工委十分重视企业的党建工作,指导成立了党的支部,15 名党员在工作中充分发挥出党员的先锋模范作用。

党支部明确自己在企业中的作用和地位,明确党建工作的生命力在于与企业发展的目标共享、互促共进。因此,党支部始终坚持"一个宏芯产业连心,芯心相映闪耀前行",倾力打造"宏芯链"党建主题品牌,以党建引领建强产业链、激活人才链、贯通研发链,以最红的党建、最美的党员,擦亮新时代"专精特新"特色党建品牌。

作为产业链"红色链长"单位,党支部将党建"芯"植入产业链,充分履行"链上红管家"职责,对产业形势、"卡脖子"问题、核心技术攻关等方面牵头破题,释放同一资本主导下的各企业间创新要素活力,与天通控股、天通吉成、天通凯美支部结亲共同协作,形成"装备—材料—器件—模组"声表面波器件完整产业生态链。在生态链结构优化上,以"党建链"连接"产业链",推动链上企业信息互通、资源共享、产销协同。

共产党员在工作中组建红色项目攻坚组,与园区艾微普、庆鑫等企业协同攻关,推动关联企业产品在瑞宏产线使用,加大在管理层、重要核心岗位、生产骨干等优秀人才中发展党员,为党的组织增添新鲜血液,增强党的生命力,企业经营管理层中党员已近30%。党支部持续开展党员先锋岗活动,坚持将党建"软实力"转化为研发创新"新动力",以党建引领研发团队建设,党员骨干刘晓军以猛进如潮的精神,不畏困难带领团队攻坚克难,短期内设计并量产多款产品,填补了国内声表产品的空白。

同时,党组织在工作中聚焦创新研发,每月召开专题红色研讨会,破解客户和市场需求要点,自主研发的第一批声表面波滤波器样品成功下线,通过投产试用并批量交付。

——世界500强的央企中粮集团下属中粮面业(海宁)有限公司,是浙江省最大的粮食加工企业,具有中粮集团技术设备工艺最先进的小麦加工设备,曾先后获得全国放心粮油示范工程示范企业、省级骨干农业龙头企业、省粮食安全宣传教育基地等荣誉。

中粮面业(海宁)有限公司党支部立足粮食加工企业的特点,47名党员结合自己的工作实际,在各自的工作岗位上牢记党员的初心努力工作,紧扣"忠于国计　良于民生"的战略使命,开展以"'粮'心党建,让中国人的饭碗牢牢端在自己手中"的主题教育,依托"粮"心党建品牌将党建与公司生产经营深度融合,充分发挥党建引领企业高质量发展的红色引擎作用,以优良丰富的产品保障老百姓舌尖上的安全,为牢牢端稳中国人的粮食饭碗贡献中粮力量。

党支部大力推行党员攻坚队、党员责任区、党员先锋岗等载体建设,以党建项目制的方式激发创新活力,形成党员带头干、党群小组比着干、全体员工学习干的良好氛围。党支部以创先锋为抓手,设有党员先锋团队 1 个,先锋班组 3 个,先锋岗 10 个,先锋立项党建项目 4 个,每个党员在不同的岗位上兢兢业业地奉献着,发挥出党员的先锋模范作用。

为响应国家"双碳"要求,降低挂面吨电耗,党建项目由面条车间的两位先锋岗党员领衔攻坚,他们经过认真地调查研究,通过采取优化电机运行时间落实班组电耗与绩效挂钩等方式,使挂面吨电耗由原来 81 度/吨降低至 78 度/吨。

先锋班组针对产品破包率较高的问题进行破解,班组党员认真分析面粉从出粉打包至供应市场的全过程,从每个环节上查找破包的原因,针对发现的问题采取调整面粉折边机、检查码垛机抓齿、强化供应商管理等措施,从源头上解决了破包率高的问题,使产品破包率比 2021 年同期降低 40%。

先锋团队积极发挥党员的示范带动作用,在工作中带领全体职工严守企业规章制度,从采购原料小麦到面粉面条出厂,企业严格遵守每一道工序流程,以优质的产品赢得了市场,得到了国内外市场的认可,已与麦西恩、顶益、曼可顿等大客户搭建长期友好稳定的战略合作关系,打响了中粮品牌。

党员的事迹成为人们的榜样,中粮面业(海宁)党支部获评中粮粮谷先进基层党组织等荣誉称号。

——每个党员都是一面旗帜,安正时尚集团就有 64 面旗帜。安正时尚集团党委下设 4 个党支部,近年来多次被评为嘉兴市先进基层党组织、嘉兴市战"疫"红船先锋基层党组织、嘉兴市首批上市企业"一企一品"党建特色品牌等,也是浙江省首个直播电商红色联盟成员单位之一。

安正时尚集团党委紧扣"党建立企、党建兴企、党建稳企"的工作主线,坚持"围绕运营抓党建,抓好党建促发展",以"创美党建"品牌为抓手,将党建融入企业脊髓血脉,将时尚刻进企业发展基因,实现了企业党建与发展同频共振,引领企业跻身时尚潮头。

集团党委不断夯实党的组织建设,强化党建引领作用。公司于 2018 年 8 月实现"党建入章",把党建工作总体要求纳入公司章程,把党的领导融入公司治理各个环节,把企业党组织镶嵌到公司治理结构之中。可以说这是一种党建工作的创新,真正把党的组织深入企业内部,深层次地把党的政策和党的领导地位发挥到顶点,达到了党领导企业在改革开放的大潮中不断发展的目标,发挥了企业共产党员的骨干作用,使党员真正成为企业发展壮大的主力军。

为了更好地发挥党组织和党员的作用,公司积极推行"双向进入交叉任职"的领导体制,公司董事长、副董事长分别担任党委副书记、党委书记,有效发挥党组织把方向、管大局、保落实的作用。

集团党委高度重视党员学习教育,线上开通红领直播间,5 名党委委员担任"红色主播"开展党内政治理论宣讲,线下创新搭建上市企业"红领TALK"平台,常态化开设安正学堂,通过主题党日、集中研讨、技术分享等丰富多彩的学习培训,培育了一批符合上市企业党建和发展需要的"红领精英",中高层管理者队伍中党员占比达到 36%。

集团党委高标准落实党建阵地建设,精心打造 5000 平方米"五彩"党建服务中心,划分红蓝绿金橙五大部落,涵盖党员学习、宣传展示、文娱活动、读书休闲、运动健身等各类功能,配备羽毛球场、图书馆、电影院等设施,每年开展各类活动达 100 余次,成为凝聚党员服务职工的"红色强磁场"。

党员是一颗种子,企业就是一片肥沃的土地,党员在那片土地上生根开花,结出丰硕的成果。集团党委积极开展"先锋岗位、先锋班组、先锋团队"创建活动和"支部定议题、党员找问题、党群破难题"专题行动,党员争当稳企赋能先锋,紧紧围绕公司研发设计、生产制造、市场销售、招才留才、开源节流、统筹疫情防控和复工复产等目标任务,召开头脑风暴会、红色议事会等共计 15 次,征集到金点子 53 条,有力推动党建与企业发展"相融共生"。

集团党委推行项目领办制,党员骨干带头攻坚克难,领衔一批重点项目,在业务的 T 台秀出党员的风采。工作中党员带领职工合力破解技术革新、节能减排、转型升级、数字化改革等难题 50 余个。

公司生产负责人、党支部委员陈贤淑同志领衔的蒸汽节能改造项目,经过 750 个小时的不断实践成功完成改造,2022 年蒸汽费用节省 4688 吨,为公司节流 180 万元。

由 12 名党员骨干组成的党员先锋团队,致力于智能化改造项目,变革了传统制造工艺,实现生产制造效率提升 25.5% 的目标。

供应链支部成立了"党员零线仓库",整理可利用零线 9000 多个,价值约 14 万元,节省费用 6 万多元。

安正电商事业部 6 名党员围绕数字化改革组团攻坚,探索传统电商模式转型,启动"红色密码",通过建设四大品牌微商城项目、开通老客户专属服务、退款工作自动化等举措,实现从传统促销折扣模式逐步向正价高附加值模式升级,2022 年以来电商销售额突破 2 亿元。

这一切成绩取得的过程无处不映现出党员的身影,无处不体现党员的领先作用,党员如是一盏明灯,在照亮自身的同时也照亮了整个企业,照亮了整个社会。集团党委和党员们热心志愿服务,关爱弱势群体的生存发展,从 2012 年起,与海宁市妇联一起实施了"全市贫困母亲巾帼创业帮助"活动,给全市各镇(街道)贫困母亲经济资助 87 人次,帮扶资金 36.57 万元,帮助贫困母亲创业创收 60 多万元;与景宁县英川镇党委签订"百企结对村,消灭薄弱村"的协议,为景宁鸬鹚乡的贫困学生及党员家庭送去关爱与温暖;与海宁市慈善总会签约"金秋圆梦、助你成才"慈善项目,向社会公益事业捐款捐物 1300 多万元;自疫情发生以来,公司党委捐献 600 件御寒衣服、医用口罩 3 万个、棉柔巾 1000 包,20 万元抗疫专款,一批批党员主动到村(社区)参与楼道消毒、卡点值守、隔离点监管、防疫宣传等志愿服务,彰显了党员和企业强烈的社会责任感和时代担当精神。

——文明和谐的洛隆社区面积 1.2 平方公里,建有居民住宅小区 10 个,住户 3262 户,区内有商铺 330 多家,辖区共划设 5 个大网格 53 个微网格。

社区立足实际,按照文明和谐社区创建标准,紧紧围绕"党建强、服务优、管理精、环境美、风尚好"的目标,以党建引领吹响区街共富集结号,助力现代社区建设,牵头建立了海宁市"街区善治"党建共同体,探索小区"睦邻"党建,更好将社区党的工作融入万家灯火;打造"红暖商圈",建设集党群议事厅、休憩小站等于一体的红色十景,有效提升了商圈文明。

在党建工作引领下,社区成立"薪火"志愿服务站,实施"暖心专递""健康驿站"志愿项目服务辖区老人,组织失业人员参加电子商务、政策、税务、育婴师等就业技能培训,为下岗职工再就业提供有利条件。

围绕"精细化管理"工作目标,健全组织网络,落实精细管理,积极开展群防群治,构建"小区党组织、业委会、物业公司"三方协同治理架构,打造升级版"红色物业",创新商铺综合治理,以商铺"三级三色"管理举措助推商圈网格综合治理。

完善小区物业服务管理考评,开放式小区实现楼道红管家全覆盖,并拓展工作服务内容,发挥"小蜜蜂"志愿服务队作用,组织开展好"文明创建服务日"活动,在党员的引领下,小区居民发挥出创建主体的作用。

依托社区资源和人才优势,开展群众喜闻乐见、健康有益、形式多样的科教文体活动,丰富群众精神生活,抵制不良文化影响,引领社会新风尚。广泛开展最美系列评树活动,设立《洛隆·芯能道德公益奖》,举办以"我们的节日"为主题的群众性文体活动。

——和谐的双联社区位于海宁经济开发区(海昌街道)西部,区内居民3992人,其中新居民2581人。社区遵循"地域相邻、人员相熟、文化相近、构成相似"的原则,划分为四大网格,落实三级网格队伍,全面承担起网格内联系群众、掌握民情、解决矛盾等职责。

社区抓实党建引领,依托"在职在编党员干部进社区送温暖""优质服务提升月"等"一月一主题"党建活动,发挥"一编三定"党员"影响一片、带动一片"的优势,进一步密切党群关系,迈出高质量发展步伐。

创新治理模式创建"联心益+"志愿服务品牌,通过启动社区商铺"联心TOP榜",每月定期开展"三五联心日"活动,激发社区居民参与社区治理的热情,组织开展助力文明城市等志愿服务活动,构建社区管理新体系。

把传统的"一站式"办事大厅改造提升为契合"共同富裕示范区"内涵要求的居民会客厅,经常组织居民代表开展各类宣讲和小区议事活动;组织6个小区成立红色物业联盟开展各类活动,切实打通社区党组织、物业公司与居民之间的最后一公里。

为进一步加强社区法律服务工作,聘请专业法律顾问,设置社区法律服务机构,为居民提供法律咨询纠纷调解,听取对社区依法管理意见建议,累计成功调解纠纷129起,调处率100%。确保社区法治建设长效化。

"党建工作+"取得实质性成效,社区先后获得"海宁市级文明社区""嘉兴市绿色社区""嘉兴市民主法治社区"等荣誉称号。

第二十六章

公平蛋糕　乡村振兴百姓富

党的二十大报告中有言："我们要实现好、维护好、发展好最广大人民根本利益，紧紧抓住人民最关心、最直接、最现实的利益问题，坚持尽力而为、量力而行，深入群众、深入基层，采取更多惠民生、暖民心举措，着力解决好人民群众急难愁盼问题，健全基本公共服务体系，提高公共服务水平，增强均衡性和可及性，扎实推进共同富裕。"

区街合一以后，开发区（海昌街道）全面承担起经济发展平台建设和社会面的管理和治理职责，开发区不仅仅是单纯的发展经济的平台，也不仅仅是单纯以招商引资为抓手，而是要结合整个区域的经济社会面开展一系列的工作。海昌街道同样如此，不仅仅是单纯的街区社会管理和治理，同样也肩负起经济平台发展的重担，两者的融合形成互补，这就是区街合一的优势。

如何让区街的百姓生活得更好，真正振兴乡村让老百姓共同富裕，这是开发区（海昌街道）党委和领导们工作的头等大事。

党委副书记沈晔认为：全体人民共同富裕的中国式现代化是区街党委的目标，也是工作的重中之重。"富裕"的前提是发展，要求把"蛋糕"做大做好；"共同"体现公平，要求把"蛋糕"切好分好，做大做好"蛋糕"和切好分好"蛋糕"体现的是增长和分配、效率和公平的辩证关系。就现实国情而言，我国仍是世界上最大的发展中国家，发展仍然是我们党执政兴国的第一要务，只有推动经济持续健康发展，才能筑牢扎实推动共同富裕的物质基础。因此只有紧紧抓住经济建设这个中心，通过全体人民共同奋斗，把"蛋糕"做大做好才能厚植共富基础，最终实现共同富裕。

如何抓好村级经济的建设，达到区街老百姓的共同富裕，这是开发区（海昌街道）领导们时刻思考的问题。

——发展村级经济,万村飞团创造财富给老百姓谋福祉。

一个地区在经济发展中村级组织的经济状况绝对不可能出现在一条平行线上,必定存在不平衡的现状,开发区(海昌街道)领导很清楚自己区域发展的情况。

村级经济的发展直接影响到一个地域的百姓幸福,在开发区(海昌街道)村与村之间、社区与社区之间也同时存在发展的不平衡,如何打破这种千百年来固有的差异? 把不是平行线的经济状况改变成相对平行,把不平衡的经济发展成为相对平衡的经济,这才是对一个地方领导的领导能力和水平的考量。

开发区(海昌街道)面对这个普遍遇到的现实问题,没有回避矛盾而是知难而上,在调查研究的基础上,制定切合实际的工作方案。

"中国式现代化的本质要求是:坚持中国共产党领导,坚持中国特色社会主义,实现高质量发展,发展全过程人民民主,丰富人民精神世界,实现全体人民共同富裕,促进人与自然和谐共生,推动构建人类命运共同体,创造人类文明新形态。"

实现全体人民共同富裕,促进人与自然和谐共生,成为一切工作的出发点和落脚点。万村飞团创造财富给老百姓谋福祉,这个出发点和落脚点就成为开发区(海昌街道)实践共同富裕的先行举措。

开发区(海昌街道)经过 30 年的飞速发展,特别是近年来一个个高端科技产业园地不断崛起,泛半导体产业成为蓬勃发展的新兴产业,航空航天产业发展势头良好,医疗健康产业形成强大的发展后劲,时尚产业品牌效应不断扩大……各类产业的产业链不断扩大,世界 500 强企业落户开发区,许多高端科学技术的企业安家开发区,强大的发展趋势令人兴奋,但兴奋之余却也令人担忧,一些村级经济落后的情况制约开发区(海昌街道)整体发展。

开发区规划 175.4 亩总建筑面积达 16.7 万平方米的海宁市第七轮"强村计划"市级抱团"飞地"项目开始建设,吸收了 59 个村(社区)组织的资金4.17 亿元参与抱团发展,成为全省最大的村村抱团项目。这就是创新的"万村飞团"实效,即是相当数量的村级组织抱团组成一个集体,各村用自己的资金向开发区(海昌街道)申报后,由开发区(海昌街道)进行总体筹划,集中资金投资开发区建设,资金从一地飞到了另一地,形成飞地模式。

这是开发区(海昌街道)在实施共同富裕过程中的一个创新举措,通过"万村飞团"的组合措施,集中资金投资高科技产业创造财富给老百姓谋福祉,达到了提升村级经济发展和破解企业落地难的双赢效果。

这是改革创新的成果,这是经济社会发展中以人民为中心,一切发展要为人民谋利益的有效探索,更是实现共同富裕的一个颇有成效的实践活动。这一举措成为浙江省一个成功的经验,得到了上级领导的肯定,也同时成为经验对外进行了介绍和推广。

——巧借太阳谋利,万屋发电,创新发展模式增加老百姓经济收入。

人民的幸福感是党的基层组织最为核心的事业,我们党的一切都是为了人民的利益,为了人民的幸福,开发区(海昌街道)的党员干部一代代接力,他们明白共同富裕要取得新成效,才能真正使人民群众有获得感、幸福感、安全感,感觉生活更加充实更有保障更可持续。为此,提升百姓的经济收入,必须是全方位地进行,必须寻找每一种可以让群众增加收入的途径。

太阳能光伏企业是海宁的一大优势产业,也是一项重要的经济增长点。十多年来,海宁的太阳能光伏产业承受过国际形势的打压,也经历过风雨的洗涤,最终站住了脚跟,成为海宁的一大支柱产业。太阳能光伏的发电已经得到世界的公认,这是一项环保节能又具有丰厚经济收益的发展项目,海宁具有先天的优势。

开发区(海昌街道)占领先机积极开发分布式光伏项目建设,把这项生态工程、惠民工程且具有生态效益、社会效益和经济效益的项目作为落实"碳达峰、碳中和"和乡村振兴的两大重要举措,区街提出"政府补助企业进行投资运行和维护保养,居民出让屋顶给予安装并且得以免费用电"的原则,动员居民根据自己房屋的建筑设计风格和房屋布局量力而行,以自愿提供安置太阳能光伏设施为前提,重点在新村集聚点的居民自建、代建联排住房屋顶,统筹推进规模化分布式光伏项目建设,从而优化能源结构提升电能利用效率,助力共同富裕。

这个项目由投资运维单位浙江芯能光伏有限公司自筹并建设,待项目验收并审计完成后,市、镇(街道)财政安排补助资金拨付,此形式得到了建设单位的认可,很快就得到了实施。

开发区(海昌街道)组织人员进入先行试点的利民村入户进行广泛宣传,介绍屋顶安置分布式光伏的实惠及这项工作的意义,并且耐心向村民讲解相关政策,告诉村民分布式光伏发电项目发电量全部上网后,发电收益村民和企业共享。合同期内每户居民按装机容量每 1 千瓦可每月免费用电

20千瓦时,同时,按0.538元每千瓦时计算,居民每月收益打入电费账户转账结算,这个项目可以让村民得实惠,给国家创能源,是个双赢的好项目而赢得群众支持。

按照"宜建尽建"的原则,开发区(海昌街道)工作人员积极开展屋顶资源排查,通过现场踏勘等工作,对建筑物结构、屋顶面积、载荷、用电量等信息,结合建设意愿形成翔实的可利用屋顶资源台账,最终合理确定具备开发条件的屋顶光伏发电总装机容量。

10月份,利民村居民屋顶分布式光伏太阳能项目正式开始施工,一块块光伏太阳能板被吊上屋顶定在一个个支架上,在熠熠生辉的阳光中汲取大自然的热能,转化为电能后成为村民发展经济的又一条渠道。阳光是一片希望的光辉,而富民政策则是照亮村民致富的一条金光大道。

利民村已有80户村民签约安装,按照每户可装置7.5千瓦的容量计算,每户一年的电费收益可达1000元左右,按规划全村共有300户村民受益,总容量达225兆瓦,年均发电量225万度,区街按总体规划,将逐渐完成650户居民的屋顶光伏发电项目。

这种低碳环保的新能源措施既不产生环境污染问题,又给村民增加经济收入,是开发区(海昌街道)一项积极发展农村分布式新能源,大力推动农村"户用光伏+储能",实施农村电网巩固提升工程,加快消除农村电力基础设施短板,全面提升农村电气化水平的实事工程。同时,充分发挥群众的积极性,全面推动现有农村居民住宅、新村建设、村集体物业设施、屋顶建设、屋顶光伏发电系统,鼓励集中连片整体开发,到2025年预计完成新村集聚点户用屋顶光伏安装950户。

绿色能源给农村铺就了一条致富路。

——精准扶贫才能共同富裕达到全面建成小康目标

共同富裕中必须坚持精准扶贫、尽锐出战,这样才能打赢中国历史上规模最大的脱贫攻坚战,才能达到全面建成小康社会的美好目标。

精准扶贫就是在共富的道路上不让一家掉队,开发区(海昌街道)在建设全民小康社会过程中,牢记党的宗旨,以全心全意为人民谋幸福的初心,始终惦念着那个特殊的群体——残疾和弱势群体。他们或因先天不足缺少谋生的方法;或是后天因病或意外伤残导致其身体受损而致贫,也有因其他种种原因,无论是生存环境或者是经济条件都落后于他人。这个特殊的人群无论是在生活上还是自己心理上都或多或少有一些阴影,自卑不自信、难以融入其他人群,难以胜任许多工作是他们的共性,这些家庭过去是依靠政府单纯的发放福利或是和企业结对享受生活支助,虽然衣食无忧,但还是属于低收入家庭。

如何改变这些特殊群体的经济条件,让他们赶上共同富裕的班车,一起跨入全民小康社会,共享改革开放带来的成果,这是开发区(海昌街道)管理工作中的重要职责。

共同富裕的特征是全民直接参与、积极贡献、共同受益。为此,根据这批人的不同情况提出个案的解决方案,让他们做一些力所能及的事务,从而改变一些人依赖和懒惰的习性,在筑牢他们人生信念的同时也增加经济收入,缩小与其他家庭的差距,融入共同富裕的大家庭,这是最为紧迫的事情。

共同富裕是我们党的奋斗目标,也是我们党必须要达到的目标,区街在行动、企业在行动、社区在行动! 开发区(海昌街道)的领导在这场精准扶贫的战役中,精心组织全面部署打赢了这场攻坚战,把这批特殊的群体拉到了共同富裕的小康队伍中,实现了不拉下一家的愿望。

案例一:双山村的孟大伯吃过晚饭,早早地就坐在电视机前,观看海宁电视台的新闻节目,自从政府给他赠送了电视机以后,这已经成为他的一个必备项目。虽然视力不好但他仍然可以从模糊的图像和清晰的语音中,获得更多的信息,了解海宁 30 年来翻天覆地的变化,了解党的扶贫政策,了解开发区(海昌街道)的发展。电视机让他足不出户就能知晓天下大事,这是他过去从来不曾想过的事情,现在居然成为现实,这种幸福生活让他常常激动不已。

"感谢党,感谢开发区(海昌街道)的领导,感谢村里的领导。"怀着感恩的心,孟大伯嘴上常常念叨着感谢二字。

孟大伯家在双山村属于特殊的群体,一家人的经济收入处于贫困行列,十多年前他家举债硬是将旧房子进行了重新建造,结果是新房落成债务一身,缺少经济来源的家庭更是无力对房屋进行装修。

墙壁是原始的毛坯状态,虽说是新建的住房,但由于室内没有装修显得残破,屋内空空荡荡没有一件像样的家用电器,更别说是电视机了。洗衣服是从场地上那口井里打上来水后在水泥板上手洗,夏天一身汗,冬天在寒风中双手冻得红肿麻木,而与外界的联系则是墙上那只小喇叭,每当夜幕降临,聆听邻居家电视机中传出的声音和大人小孩观赏电视发出的嬉笑声,一家人则是缩在屋内,既无奈又对未来抱有期望。

屋漏偏遇连夜雨,本来经济条件很差的孟大伯,又加上身体有疾,几场大病之后,眼睛近乎失明,成为一级残疾,要改变生活现状,似乎没有了希望。

开发区(海昌街道)的"暖巢行动"开始,区街工作人员走村串户对特殊群体家庭进行摸排,把两人户以上低保家庭作为重点帮扶对象,赠送家用电器并帮助对居住环境进行改造,孟大伯家庭名列其中。

开发区(海昌街道)给孟大伯家进行了装修,又给送去了电视机、洗衣机、热水器等家用电器,望着装饰一新的房子和满屋崭新的家电,孟大伯热泪盈眶地拉着"政府工作人员"的手久久不放,千言万语只说出了一句话:"共产党好,政府好,谢谢!"

共产党好!政府好!这是十分朴素的语言,没有太多的修辞,没有过多的粉饰,只有发自内心的真切感受,这也是中国普通百姓最直白的表述,是最具感染力的语言。

看到改造装修的厨房焕然一新,听着洗衣机发出欢快的隆隆声,看着电视机五彩缤纷的画面,惬意沐浴着温暖的热水,一股暖流由心底升起。孟大伯笑了,笑得是那么的灿烂和幸福。

案例二: 2016年双喜村开设的800平方米的残疾人之家就给这个特殊群体开辟了一条共富的道路,村委会利用原有迎丰电子厂生产线单设独立车间,建造了残疾人"共富工坊",接收了21名残疾人员,通过给残疾人员提供简易的配件组装工作,使每个残疾人员能年收入达到2万多元。平时还积极开展各种激励性活动,增强残疾人员的自立和自强,使他们在共富道路上充满自信。

对低保家庭的"提低"和对残疾人员的关爱政策是共同富裕最具标志性的关键工程,区街高度重视对困难群众的社会帮扶,成立社区发展基金会,探索精准帮扶的有效措施,实施"携手聚合力 共富看海昌"的公益慈善项目。"携手聚合力 共富看海昌"公益慈善项目募集资金467.2万元,累计支出362万元用于开展多个安老、扶幼、助学、济困等帮扶项目。

在精准扶贫的过程中,开发区(海昌街道)摒弃单纯的兜底型救助方式,聚焦"输血"与"造血"双管齐下,依托"赋岗"和"赋能"的方法,推动低收入群体帮扶从兜底型救助向发展型帮扶转变,从物质型救助向内生性帮扶转变,让这些群体共同迈向"共同富裕"的康庄大道。

赋岗和赋能方式,不仅从理念上解决了一些家庭长期依赖政府输血的习惯,也改变了他们自卑或没有自信的心理,通过给这些家庭中的人员力所能及的工作岗位,让他们投身社会活动中,用自己是建设者的良好心态,依靠自己的双手创造财富,增加经济收入,从而达到共同富裕的目标,取得了理想的效果。

案例三:洛隆社区高大妈一家是因病致贫的家庭,女儿身体不好,一直在家不能外出工作,社区鉴于她家的实际情况,因人而异地安排了爱心公益性岗位,公益性岗位工作时间弹性大,平时也能照顾身体欠佳的女儿,她接受公益性岗位后心里十分的踏实,工作的也非常顺心。

"平时我和女儿一起在小区做一些垃圾分类、反诈宣传工作,一般早上看看垃圾分类情况,晚上宣传反诈、防疫知识,平均每天工作 5 个小时。"谈起自己在公益性岗位上的工作,高大妈脸上洋溢着笑容。

类似这种给具有特殊家庭安排爱心公益性岗位的情况已经成为一种共识,也是一种模式。

在开发区(海昌街道)召开的共同富裕工作推进座谈会上,围绕产业共富、城乡共富、居民共富三个维度,谋划深化共同富裕的相关工作时,开发区党工委副书记、海昌街道党委副书记、办事处主任陈海涛对参加会议的区街相关领导班子、部门、村社负责人提出要求:要全力打造具有区街辨识度的共同富裕标志性成果,一是要拓宽思路抓共富项目和活动的谋划。要围绕高质量发展、转型发展、绿色发展等方面,积极谋划共富项目,既要注重经济效益,也要兼顾社会效益;二是要结合实际,抓共富项目和措施的落地。要充分考虑到项目实施的必要性、合法性,着力解决各部门、各村社在谋划过程中信息不对称等问题,进一步整合资源突出亮点;三是要围绕特色抓共富项目和内容的提炼。各部门、各村社要根据各自的工作特色谋划项目,强化信息宣传,形成可看可学可比的浓厚氛围。

通过统一思想,大家对"共同富裕"有了更加明确的目标,增强了信心,积极出谋划策认领公益性岗位。

"田园综合体共富工坊为残疾人和低收入者提供更多就业岗位;"

"漕河泾众创空间可以面向创业初期青年群体提供低成本的孵化平台;"

"胜利社区'新家人'党建品牌全力打造社会治理先行示范;"

"创新技术共富机制,实现大农带小农,提升小农户收入水平;"

"建立公共服务平台,为小微初创企业提供服务。"

…………

一家家企业,一个个社区纷纷支招积极认领公益性岗位,用自己的能力为全民共富添砖加瓦,用自己的爱心化作春风吹进这些特殊家庭。

开发区(海昌街道)的"共同富裕"工作有声有色,"爱心岗位"遍地开花,2022年区街共设立了19个村企爱心公益岗,帮助低收入群体在家门口就近"找工作",村企爱心公益岗通过区街统筹村社开发—爱心企业认领—困难群众就业的模式,使困难家庭中有一定劳动能力的成员通过付出劳动,实现每年1.8万元稳定工资收入,从而助力困难群众共同富裕。

陈海涛对这项工作信心满满,作为开发区(海昌街道)党委的主要领导之一,他深感责任重大,但作为一个共产党员,全心全意为人民服务的宗旨始终铭记在心,这是一种职责一种责任,是自己奋斗终生的目标,压力再大也是自己义不容辞要去做好的工作。

"我们还将持续依托社会组织对村企爱心公益岗进行管理运营,通过社会组织定期探访帮带暖心关怀以及培训,不断增强岗位员工的劳动积极性,使员工有更好的精神面貌融入社区、社会,更好地投入爱心公益岗的工作。"陈海涛说。

第二十七章

环境美好　人民幸福指数高

我们要实现好、维护好、发展好最广大人民根本利益,紧紧抓住人民最关心、最直接、最现实的利益问题。

人民群众最关心、最现实的利益问题是什么? 答案是老百姓需要的是美好的生态环境! 阳光是温暖的,给人以希望;空气是清新的,没有滚滚的黑烟;河里的水是清澈见底的,鱼虾随处可见;钱包是鼓起的,稳定的经济收入逐年增长。春天阳光灿烂,夏天凉风习习,秋天果实满枝,冬天万象皆新,人们欢乐自由地生活。

党的二十大报告中指出:"尊重自然、顺应自然、保护自然,是全面建设社会主义现代化国家的内在要求。必须牢固树立和践行绿水青山就是金山银山的理念,站在人与自然和谐共生的高度谋划发展。"

孟子曰:"乐民之乐者,民亦乐其乐;忧民之忧者,民亦忧其忧。"作为一个党的基层组织,必须怀有为人民服务的赤诚之心,要以民乐为己乐,以民忧为己忧的胸怀,牢记"人民对美好生活的向往,就是我们的奋斗目标",这是党中央对全体党员干部提出的要求。

开发区(海昌街道)朝着这个目标,持续深入地推进改善居民居住环境,坚持精准治污、持续打好蓝天碧水和净土保卫战,给开发区(海昌街道)创造一个美好的人居环境。

——改善百姓人居条件,打造现代化的生活环境。衣、食、住、行是人民生存的必要条件,也是村民幸福生活的目标之一,绿水青山就是金山银山,要让老百姓在家门口拥抱金山银山,开发区(海昌街道)在行动。

如何让老百姓的居住环境更上一层楼？

人居生活环境的改善，利民村的老百姓体会最深，30年前的村民居住的是二层砖瓦房，有的甚至是平房，房前极少人家是水泥场地，大都是泥地，出行的小路雨天泥泞不堪，晴天则尘土飞扬。早几年开发区文苑路北延工程中，街道党委副书记陈国栋主抓此项工程，他与同事们深入调查研究、广泛听取意见，以老百姓的利益为上设计最佳方案，对利民村实施了整村搬迁，建设了新农村居住小区。开发区给小区新村点周边建造了芯海路、康湖路，小区村民出行极为方便，用他们自己的话来说，已经和生活在城市没有什么两样，住的是四层楼别墅，出门就是大马路，比在城市生活幸福得多，现在周边又建新四条路，芯中路、芯华路、芯宁路，康庄大道就在利民村的眼前。回望利民村的历史有诗作证："春夏秋冬30年，人居环境大改变，住进高楼开上车，小康生活比蜜甜。"

胜利社区是原来几个村合并而成的一个相对较大的社区，30年来，社区各个方面都发生了翻天覆地的变化。

胜利社区的前身为双冯村，而双冯村是于1999年6月由冯南村和双圩村合并而成的，双冯村曾经是双山乡九个行政村中最穷的一个，村书记张海青、村主任朱海明带领班子成员经过几年的拼搏，走上村级经济腾飞的道路。2010年岁末，具有现代小镇功能的双冯小区全面建成，村民住进了宽敞明亮的五层"别墅"，村民幸福指数有了极大的提升。

2016年双冯村与泾长村合并成立胜利社区，张海青任书记，褚文华任主任，这是两个强村联手的合作，两位有作为敢担当的领导齐心协力，带领班子成员把胜利社区的各方面工作提升到更新的高度。经过六年的发展，胜利社区村级经济发展成为海宁乡村社区的典范。在0.64平方公里的社区，现有本地住户982户，户籍居民3822人，社区有90%的出租户，共租住在册新居民10 938人，占比近三分之二，胜利社区成为开发区企业职工的"温馨家园"，社区居民年租金收入达5000余万元。社区内道路通达、商铺林立，不出社区就能解决居民的日常生活需求，区内绿树成荫、河水清澈、道路整洁、环境美丽，现代化的人居环境改变了人们的生活理念，一个具有现代城市生活模式的社区配套功能日益完善，不仅使本地居民幸福指数大幅提高，更是吸引了外地务工人员入住。

现任社区党委书记褚文华在探索本地村民的安居乐业共富道路的同时，不忘提升租住在社区新居民的幸福指数，将新居民变身新家人，汇集新力量携手奔共富，让新居民"安得下来，融得进去，和谐发展。"

——五水共治是解决海宁水污染的重要举措，而开发区在解决污水零排放过程中，不仅要解决农村生活污水排放问题，还要解决开发区内企业工业污水和生活污水的排放问题，可谓是任重道远。

区街班子成员多次研究制定规划，将村、社区生活污水全部纳入管网进行生态收集，又通过河道清淤、雨污分流等措施，使区域内的河水变得更清澈，村民有了更好的生活环境。

双山村山庄桥港，这条河投入两百多万元经过整治提升后，已经成为开发区（海昌街道）的景观河道，一公里多的河道环绕双山村，现在是清澈见底可见鱼虾，真正成为一道亮丽的景观。

碛川社区的张家堰港，那条河水数年来一直是五类水，甚至是劣五类，虽然说从肉眼上看不出有什么问题，但从水质的检测结果来看，一直是属于海宁最差的等级，400 户居民的主要生活用水问题成为开发区（海昌街道）领导压在心头的石头，经过再三调研，区街领导决定花大力气大投资进行彻底整治，还老百姓一个碧水蓝天。最终投资 2000 万元经过近一年的整治改造，使得河水彻底改变了面貌，从原来的劣五类水提升为三类水，使老百姓真正感受到党和政府的关怀和爱民政策。在这个整治过程中，居民们十分支持，他们配合区街的工作，推荐党员和市民代表组成市民监督团主动参与监督治水工程质量，起到了很好的效果。

近几年，农村小区污水零排放改造工程开始实施，开发区（海昌街道）本着为民办实事舍得花钱的理念，治水投入的资金每年递增，2020 年投入 2000 多万元；2021 年投入 4000 多万元；2022 年更是投入了近 6000 万元，真正做到了钱为民所用，利为民所谋。

——开发区企业污水入网，集中处理，园区排污共享治理、碧海社区实施雨污分流改造、完成长山河长水塘水源地二级保护区内企业和水产养殖户腾退工作等，经过多年的规划和改造，使得 36 条镇级河道水质大幅提升，三类水占比超 50%。区街全面实施垃圾分类……围绕人居环境的改善和提升，区街长期规划分步实施，广泛宣传全民动员，使"绿水青山就是金山银山"的理念深入百姓心头，成为居民的自觉行动，打造了一个环境美好、人民幸福指数不断提高的区街。

第二十八章

产城融合　区街春光无限好

海宁开发区成立 30 年来,沧海桑田的变化令人耳目一新,昔日的农田已经变成现代化的企业。"落下三滴雨花头,烂泥甩到额骨头,晴天三个大日头,走路踢断脚板头",这样的现状已经成为过去时,曾经的泥泞小道今日已变成了宽敞的大马路。

有位哲人说过:"开发区不能仅仅是高楼林立的工业区,除了厂房还是厂房,没有赏心悦目的风景,站在马路上只看到发光的玻璃幕墙;也不能只听到隆隆的机器声,只看到工人下班后匆匆忙忙鸟散式回家的身影,没有让人留恋的那种丰富多彩的生活内涵,开发区仅仅天高云淡是不够的。"

开发区应有的功能是:要有配套的生活设施,有供人们娱乐休闲的场所,要有生龙活虎的生活方式,给广大职工有一个修身养性的休闲地方,那就是必须区城融合。开发区就是一个发展中的城市,企业是一个城市中的工业区域。

开发区发展了,整个园区呈现出现代气息,无论是高科技的企业也好,现代化的建筑也好,都与现代社会相合拍,更为重要的是管理者的层次也已经提升到了现代化理念,不再是过去那种井底观天的封闭式思维,而是有了全新的理念和全新的思维,这种理念和思维顺应了当今时代发展的要求。

这就是深入践行以人民为中心的发展思想,着力推进城乡融合和区域协调发展,在这个思维的指导下,一项项惠民工程、一件件民生实事、一幅幅温暖的民生图景徐徐展开,一个个热切的民生期盼如花般在群众心中绽放。

为融合区街合一的发展态势,开发区不断优化区域营商宜居环境,积极完善配套设施,努力建设一个现代化的区域城区,把开发区打造成为一个集生产、生活、生态"三生融合"的具有城市功能的新型产业服务园区。

满园春色城中城,站在充满活力的开发区土地上,一股暖暖的春风扑面
而来,让人心醉。

春色之一:昔日羊肠小道已经变成宽阔的大马路

——海宁大道贯穿开发区南北,成为开发区的主通道,极大地提升了开
发区的通行效率。

——硖川路的提升改造,使原来的四车道扩大至六车道,进一步畅通了
海宁东山大桥以东的交通枢纽。

——文苑路北延,终结了这条马路中断建设的历史,成为开发区向北扩
展的交通要道。

——碧云路的改造和扩建;08 省道的通行……

人们或许还记得本文开篇不久曾记述的开发区管委会成立后,开发区
领导以壮士断腕的魄力在区内筑建的几条公路,分别是:

丹枫路沥青碎石路面长 338.3 米,宽 24 米;

石泾路沥青碎石路面长 887.5 米,宽 12 米;

教工路砼路面长 160 米,宽 6 米;

春晖路砼路面长 170 米,宽 6 米;

碧海路砼路面长 170 米,宽 7 米;

东山大桥硖川路引道沥青碎石路面,长 223.3 米,宽 6 米。

这些公路只是沥青碎石路、砼路,但在当时已经是非常宽阔非常了不得
的大马路了,而今道路犹存但路况却是大相径庭,柏油路面平整洁净人车分
离,人行道两边绿树成荫,全然没有了昔日尘土飞扬的情景。

这种变化,最有发言权的是 30 年前首任开发区管委会副主任的吴甫明。
他家居东山大桥东面狮岭地块,上班在市区,每天穿越东山大桥进入硖川
路,30 年来亲眼看见各条道路一次次的历史变迁。一日中午,他乘车路过硖
川路,望着眼前正在改造的那条熟悉得闭上眼睛也能说出路况的马路,内心
充满了震撼。30 年前,这条沙石路晴天一脸灰,雨天一身泥,因此他在任期
间,管委会的领导下决心进行了改造,尔后数年中又拓宽为双向四车道。随
着经济发展这条成为开发区东区主干道的硖川路,已经不适应道路交通需
求而再次升级改造,这也是开发区(海昌街道)为民办事,给老百姓改善通行
条件的一个实事项目。

30 年的变化太大了,这变化让他激动,让他感慨万千。

现在开发区（海昌街道）区域内原本那一条条连两辆自行车也不能交会的狭小泥路、机耕路、沙石路已经不见踪影，取而代之的则是平整的沥青路面，标志标线清晰，红绿灯有序闪烁，一派现代化城市的设施如画般展现在开发区（海昌街道）的版图上。

谷水路、康湖路，以"中华海宁"拆字命名的芯中路、芯华路、芯海路、芯宁路、双联路、洛隆路、隆兴路、光耀路、石泾路、丹凤路……一条条承载着开发区发展变化的康庄大道向人们展示了今日的新颜。

一条条30年前泥泞小路，而今成为纵横交叉的主通道，成为开发区（海昌街道）区域内的交通大动脉，车水马龙人来人往即是流动的"血液"，"血液"所到之处必定是经济腾飞之地，"大动脉"成为开发区经济发展中的重要基础设施，为开发区的发展奠定扎实的交通基础。

作为亲历亲为的海昌街道城市建设管理办公室主任邬明峰，谈论起30年来开发区（海昌街道）道路交通的变化，他一脸的自豪，满面春风眉飞色舞："这几年值得可圈可点的项目有许多，最好的是文苑路的全线贯通，这条路不仅给开发区提供了便捷的交通条件，更是提升了开发区的形象。文苑路1994年修建后陆续往南北延伸，在2019年开始对长山往北至湖盐线路段进行修建，将利民村整村进行了拆迁安置。这条主干道接通后双向六通道，整个交通形态发生了质的变化，我们很有成就感。"

是啊，那一条条满载开发区干部职工心血的道路宽阔亮堂，两侧园林式的绿化带就是一道道美丽的风景线，作为已经在开发区从事基础建设二十年的邬明峰来说，就如同看到自己孩子的成长一般，见证了这些道路的修建发展，见证了这些道路给开发区和居民带来的方便和幸福感，作为建设者和参与者又怎么会不自豪？

春色之二：园区内公交便利，人才公寓设施齐全

——开发区内已形成公交车直达、公共自行车全覆盖的公共交通格局，已有公交车站点5个，步行距离300米的服务半径覆盖率达100%；

公共自行车站点3个，步行距离500米的服务半径覆盖率达100%；

——区域内还配备有1835个停车位，满足多元化的出行要求，实现方便快捷出行。

——在园区内共建设有高标准人才公寓9幢，提供1309套可以满足多个层次要求的房间。房间内冰箱、洗衣机、电视机等家用电器一应俱全，可实现人才"一站式"拎包入住。

——公寓周边建设有健身中心、华联超市、天猫超市、智能餐厅等生活配套设施,还建有篮球场、网球场等一大批室外体育项目设施。

春色之三:环境优美人,与自然和谐相处

优美的人居环境承载着居民对美好生活的向往,也是城市发展的价值体现。开发区持续推进绿化建设,创造一个环境优美的自然空间,曾经的黑土地变成了绿草成茵鲜花绽放的美丽公园,昔日的臭水河成为鱼虾畅游的乐园,清澈的水面上浮现出蓝天白云的倒影,形成水天一体,水中有天、天上有水的优美画图。

——开窗有景出门见绿,美在生活中。在开发区的居住人员出门步行几分钟就能到达绿地公园,沐浴在阳光下,边散步边欣赏公园的美景,富有诗意的慢生活别有一种风味。

——园区公园遍布,哪里都是好风景。由拳公园、文苑公园、罗秋港滨河公园、文苑路与庙桥港之间(宝马 4S 店西侧)的绿地公园每天吸引居民休闲娱乐。清晨随着啾啾的鸟鸣声,打拳的、吊嗓子练唱歌的人们云集公园,各自施展着十八般武艺,吸引路人多彩的目光。

傍晚行走健身的人群接踵而至,在公园的绿道上健步行走,树荫下座椅上、草地绿茵中那一对对恋人相依相偎,娓娓细语地诉说着我爱你的情话,一道道美丽的风景在公园展现。

——由拳路上海宁大道至文苑路段,两旁的绿化形成一道美丽的风景线,荣获海宁唯一的省级"绿化美化示范路"称号。

美在开发区,美在村企中,美在人心中!

——横山万亩现代农业园打造科技农业新亮点

"坚持农业农村优先发展,坚持城乡融合发展,畅通城乡要素流动。加快建设农业强国,扎实推动乡村产业、人才、文化、生态、组织振兴。全方位夯实粮食安全根基,全面落实粮食安全党政同责,牢牢守住 18 亿亩耕地红线,逐步把永久基本农田全部建成高标准农田,深入实施种业振兴行动,强化农业科技和装备支撑。"

牢牢地把饭碗端在自己手里!第一产业的重要性不言而喻。

为确保中国人的饭碗牢牢地端在自己手中,开发区(海昌街道)从大处着眼小处着手,针对区街实际制定第一产业的发展目标,树立大食物观,

发展设施农业,构建多元化食物供给体系,发展乡村特色产业,拓宽农民增收致富渠道。

实现农业农村现代化的发展模式是当前十分重要的一项工作,粮食问题是我们国家保证14亿人口生存的头等大事,对这个国计民生的大事绝不能有半点的含糊,开发区(海昌街道)的领导多次在会议上强调粮食的重要性。

开发区(海昌街道)办事处主任陈海涛办公室有一幅横山万亩现代农业园区专项规划图,这是一个以现代农业理念标准打造的4.0版图,内含现代农业种植、现代科学养殖等一系列的"一产"发展目标,该项目规划总投资1亿元,计划在3年内完成,以横山万亩农业园区(704.2公顷)为核心区,向西辐射至双山村双喜村等地,总面积约12平方公里。

规划的制定明确了横山万亩现代农业园的发展方向,开发区(海昌街道)农业农村办主任张轶丁和全体干部职工信心满满,以爱岗敬业的饱满精神带领村民耕耘在这片土地上,取得了阶段性的成果。

站在开发区(海昌街道)的最高点横山,就能俯瞰盐湖线两侧的横山万亩良田的美景,西北方向一望无际的稻子生长在高标准农田要求布局的农田中,"田成方、路成行、渠相连",秋风中"喜看稻菽千重浪",那一片片黄澄澄、绿油油的农作物层次分明,俨然是一幅江南水乡的油画。

张轶丁说:"横山万亩粮田实际土地有17 000多亩,每年的稻子和麦子两熟播种面积至少达29 000多亩,粮食问题毕竟是农业上的大事,是保障民生的头等大事。"

30年前这一片土地是一种原始的形态,村民们脸朝黄土背朝天地劳作,单家独户地在鸡零狗碎的土地上劳作,田地高低不平且不少坟墓凌乱地安葬在田头地角。这几年横山区通过整村搬迁,农户集聚到新农村小区,形成耕地集中连片,从而创造条件调整优化农业产业结构。而今整片土地平整,道路平坦,呈现一片春光无限好的田园风光。

横山盐湖线以北区块,一片建筑面积约72 000平方米的巨大灰白色建筑在田野间显得尤为注目,这里是数字化生态养殖基地,场长范宝林每天在场内忙碌着。"场内现有可以繁殖生产的母猪就达1600多头,2022年投产2700头,年出栏10万头生态小猪。"面对这些可喜的数据,范宝林心里乐呵呵的。

数字化生态养殖基地项目是横山万亩农业园区引进的一个优质农业

项目,2021 年 6 月份动工,总投资 2.7 亿元,按照"政府引导,公司运作"的原则建设的"数字化、规模化、生态化"生猪养殖示范基地,全部投产后将大幅提升区街农业产值。

生猪养殖过程会产生一些面源污染,但也不是绝对的,只要养殖的场所按照要求,运用先进科学技术和设施,养殖过程中的污染问题是完全可以解决的,能达到清洁养殖、安全养殖、科学养殖的要求,可以完全杜绝农业面源污染问题。

开发区(海昌街道)面对这个涉及国计民生的项目,采用科学的、实事求是的态度引入横山万亩农业园区,一个现代化的数字化生态养殖基地落地生根就是一个很好的先例。

这个数字化生态养殖基地采用的是全封闭式生猪一体化养殖,完全不同于传统的养殖模式,其运用科技手段采用温度调节、气味处理、饲料喂养、粪便清理等一系列自动操作,工人们只需在主控制室内动动手指就能全部完成,不仅保障了饲养的环境和质量,也节省了大量人力成本。

与此同时,区街以数字化生态养殖基地引进为契机,将横山盐湖线以北约 2000 亩集中连片土地作为形象展示先行区,率先进行了提标改造、综合整治,让横山现代农业园区建设"显雏形、出形象"。

为了高标准发展好横山现代农业园区,横山万亩农业园区采用了种养混合的模式,全年形成小麦种植、稻虾混养、水产养殖和粮油生产等业态布局,并且对横山区块主干道提升以及生态河道进行设计,投资 3000 万元进行先期建设。

园区规划聚焦配套农业服务中心、智控中心、果蔬工厂、农播基地等项目,着力打造集果蔬采摘、观光研学于一体的数字化农业,带动群众增收致富推动乡村振兴。

在张轶丁的电脑里有两个万亩规划,一个是《海昌横山万亩现代农业园区专项规划》,另一个是《海昌横山万亩现代农业园区生态提升方案》,打开这两个规划图,展现在面前的前景让人耳目一新:目标是以"双碳战略"+"种养安全"+"环保安全"+"食品安全"重建农业战略地位,打造"数字化+融合化"的未来农业,以海宁率先实现农业农村现代化为目标,树立长三角一体化都市农业标杆。

——以水稻种植为主,形成万亩水稻田园之标准农田示范区,对标永久基本农田示范区标准,守牢粮食安全底线,以数字化低碳化为指引,实施农业基础设施提升工程、高质量良种培育工程、数字农业创新工程、低碳农业发展工程,将区域打造成为推动农业"升级",带动乡村"共富"和落实"双碳"行动的示范样板,成为长三角都市农业中的耀眼明珠。

——稻虾(渔)混养引领区:大力发展创新种养结合模式,发展稻虾(渔)共生基地,成立专业合作社,实行以稻为主套养各类渔产的"共生循环"模式,增加经济收益。

——果蔬工厂/植物工厂:利用农业园入口西侧园地,搭建科技大棚,以蔬菜水果种植为主要目标,引进垂直农业立体农业等新型农业,形成多元化智慧化果蔬混养场景,打造高颜值高人气高附加值的未来果蔬工厂。

——绿色水产养殖鱼菜共生基地,工厂化循环水养殖基地:对现有水产养殖区进行整合提升,全面推动水产养殖业向现代化、精品化、循环化升级,打造百亩智慧渔场景观,呈现数字养殖、鱼菜共生、工厂化循环养殖等智慧渔业场景。

——数智化生猪养殖示范基地:实现生猪养殖全链条全生命周期智能追溯,见证"猪的一生",开展适度观光研学。

——农业服务中心:主要包括育苗中心、烘干中心、秸秆处理中心等农业配套项目,强化数字化智能化建设。

《海昌横山万亩现代农业园区生态提升方案》中以横山万亩农业产业园集农业、数字、生态为一体的"产城融合区""城乡统筹区""城市生态保育核"作为"共融"的理念,推动业态引流城乡渗透,实现"三产"融合村民共富,持续发展生态农业、美丽农业、共富农业,聚焦"产城融合共富",贯通"三生"以"稻香田园　诗画海昌"为主题,致力于展示园区的水乡韵、田园风、数智链、时尚范。将农业和景观巧妙融合,为休闲观光、科教研学提供优质的互动引导,开辟更多的生态游憩、滨水观光、研学教育等公共空间。不能不说这是一种全新的设计理念,相信在未来几年,这个目标就能够出现在世人面前。

春色之四:武莲海种荷花节推动乡村振兴

在开发区成立三十周年的时刻,开发区(海昌街道)双山村首届荷花文化艺术节开幕,给这个特殊的日子增添了喜庆的氛围。

"让产业兴起来、让百姓富起来、让集体强起来",开发区(海昌街道)党委在建设美丽乡村中,提出让区街更美,让百姓更富裕的目标要求,开展的共富工坊建设不仅有助于农旅融合产业迭代升级,也能帮助农村留守妇女、低收入人群、剩余劳动力实现家门口再就业。

武莲海种就是一次成功的实践。

2017 年,海宁与武义两地正式结对,海宁有海,武义有山,海因山而厚重,山因海而增活力,因而两地山海协作十分般配。海宁市政协副主席魏国强去武义派任副县长,武义县也有领导来海宁任职,双方深入协作筑建了连接两地乡村振兴的新航道。

武义的十里荷花闻名遐迩,也是那里的一张金名片,那里荷花产出的莲子就是全国著名的宣莲,在清代就曾经是武义上贡给皇帝和大臣的珍品。

2021 年春节后不久,山海协作有了实质性的发展,开发区(海昌街道)与相关部门一起谋划了这一两地共建"武莲海种"的共富项目,在双山村选取 100 亩荷塘作为试点,引进 16 种花莲和 1 种水果莲,通过武义方提供种子和种植技术指导,开发区(海昌街道)提供土地资源及进行管理的合作模式,推动武义宣莲产业化发展,促进海宁当地百姓就业增收,从而达到双方共同富裕的目标。当年 20 739 株宣莲苗种带着"山海协作"的期盼和梦想,播种在双山村的"武莲海种"示范基地里。

该项目创造了浙江省第一个山海协作农业共同富裕"飞地"新模式。

武义的种子在双山村 100 亩荷花种植基地落地生根,在新的家乡发芽苗壮成长,武义十里荷花种植园董事长王核先生对双山村荷花种植的全过程进行指导,荷花在山海协作双方的努力下,百亩荷花池在海宁双山一展风采。

双山村的村民十分开心,要知道双山村数百年来的历史中从来没有过荷花种植的记载,这是一个历史性的突破,是一个创时代的发展,是带给村民幸福生活的金饭碗。

晴朗的早晨,双山村党总支书记郁正明一早就到荷花池边走走看看,自从荷花引种村里后这已经成为他的一个习惯,关注荷花的生长情况已然成为他日常生活中不可或缺的工作。他时而蹲下观察池中的水质情况,时而伸手将因风吹拂而相互缠绕的枝叶分解开,其用心呵护就如看护自家的孩子一般。

"希望'武莲海种'项目顺利成功,能达到预期的理想效果。"郁正明心里默默地念着。虽然他并不是种植荷花的老板,只是出租土地方的村书记,但他把这个项目的引进当成自己的事业用心用情去做,这毕竟是一种创造性的试引进,创业老板已经投入了不少资金,成功与否直接关系到老板的经济效益,也直接影响双山村今后对共富项目引进的信心。因此,他除了经常观察荷花的生长过程,还常常和武义的专家进行交流,力保荷花能够一展美景造福村民。

其实,荷花已经成为双山村村民心中的孩子,从莲藕落地那一刻起,不少村民就会时不时地到荷花池看望,他们关注荷花的生根发芽,感受"小荷初露尖尖角"的喜悦,享受荷花仙子开苞的美妙……荷花给他们带来了欢乐,带来了享受,带来了希望,正如一个孩子长大成才,给家庭带来的希望和幸福是无法比喻的。

辛勤的劳动带来丰硕的成果,荷花以特别好的长势回报人们对她的关爱和期盼。"十里荷花百媚开,千种风情入画来。仙子迎客傲然立,绿肥红瘦争风采。"那粉红色的荷花呈现朝气蓬勃的生机,那金黄色的荷花展现典雅大方的气质,那彩色的荷花体现婀娜多姿的娇美,而那清脆的莲蓬结实果大非常惹人喜爱。

走入荷花景区就如进入了立体的荷花画镜中,近是荷花,远是荷花,前是荷花,后是荷花,左是荷花,右是荷花,美丽的荷花将赏花的人们拥抱,每个人都成了荷花仙子。

双山村荷花成为远近闻名的美景地,瞬间就成为网红的打卡点。村党总支抓住商机,牵头成立了农旅融合式武莲海种共富工坊,着力打造休闲赏荷莲蓬采摘的农旅融合体验,从而促进农副产品销售,给村民增收。

仲夏八月的晚上,开发区(海昌街道)首届荷花文化艺术节在双山村举行,主席台上《山海相约古韵今荷,共富共美诗画海昌》标题十分醒目。夜幕中的"十里"荷塘上彩灯与天穹上的星光相映,形成了天上人间一幅美丽的画卷,而那随风摇曳的一池荷花婀娜多姿别有风味。

荷塘上一群荷花仙子霓裳轻舞,优雅的歌声在十里荷塘上空唱响,海宁十二个镇(街道)的文艺工作者为观众送上了荷韵文艺展演,天上人间诗意双山,成功的"武莲海种"项目给双山村带来前所未有的影响,带来人气无限,而这种无限的人气就是一种财气,是走向富裕的关键。

莲子青青颗粒饱满,犹如是一颗绿色的玉珠十分诱人,剥开皮莲子入嘴有一种清新感觉和一丝甜味,丝毫没有苦涩的感觉,在销售莲子的摊位前人们排起了长队,都想一品家门口的贡品。

双山荷花的名气不断扩大,游客也越来越多,本地游成为人们的首选,双山村因荷花而成了热闹的旅游地。

初夏的荷花是美丽的,犹如亭亭玉立的少女,在那片生机盎然的荷花池中或是含苞待放,或是唇齿微露,绿叶则犹如少女的裙摆在微风中轻轻飞舞,让人在美不胜收的景象中流连忘返。

此情此景,让人陶醉。

关于荷花,人们喜欢用"出淤泥而不染"来形容荷花的清廉和高贵,其也是历代文人笔下的永恒题材。宋代诗人杨万里在《晓出净慈寺送林子方》一诗中道:"毕竟西湖六月中,风光不与四时同,接天莲叶无穷碧,映日荷花别样红。"虽然是说杭州西湖的荷花,但双山村的荷花却与此相比毫不逊色,可谓是一脉相承。荷花塘中一朵并蒂莲伫立在绿叶丛中,恰似一对同胞姐妹在向人们微笑致意。"在天愿作比翼鸟,在地愿为并蒂莲。"古人有诗将并蒂莲作为忠贞的爱情宣言,经常出现在文人骚客的诗句和字画中。

党的二十大报告中指出:"坚持多劳多得,鼓励勤劳致富,促进机会公平,增加低收入者收入,扩大中等收入群体。完善按要素分配政策制度,探索多种渠道增加中低收入群众要素收入,多渠道增加城乡居民财产性收入。"双山村在村里种植荷花,不仅提升了乡村的美丽景观与幸福指数,还带动人气提高了经济效益,也是与党的二十大精神中多渠道增加城乡居民财产性收入相符合的举措。

首届荷花节后,郁正明计划在原有 100 亩荷塘基础上新增 30 亩种植面积,以推动"武莲海种"再升级,而双山农旅融合区创新山海协作新机制,打造的"武莲海种"示范项目,获海宁市乡村振兴共同富裕"最佳人气奖"。

区街从荷花产业发展前景出发,成功举办首届荷花文化艺术节,其意义并不仅仅是给海昌街道提升新景,也不在于给人们提供一个赏景休闲打卡拍照的去处,而在于实实在在地进一步打响山海协作品牌,打造潮城文化生活新体验,通过此举与武义有了更深入的交流与合作,从而利用双方的共富联盟资源,创新区域产业合作机制,共同谋划做实项目做大产业,共绘乡村振兴美丽画卷,实现两地携手奔赴共同富裕。

第二十九章

物质富裕　精神富裕同步升

物质富裕了,精神富裕必须更上一层楼。精神富裕与物质富裕是一对孪生兄弟,如果仅仅是物质富裕而精神颓废,那么富裕的物质生活也会逐渐毁于一旦,反过来精神富裕了,则会追求和创造物质的富裕。所以从某种程度上讲,精神富裕是人改变自然环境的动力和内在因素,而物质富裕则是通过内在因素的努力表现才达到的外在结果,鉴于这种辩证关系,开发区(海昌街道)30年来一直把精神富裕作为一项重中之重的工作抓紧抓实。

——用传统文化陶冶百姓情操,提升精神境界。中华优秀传统文化源远流长,书画艺术历来是中国的传统文化之一,因心而书,因景而画,书画艺术不仅给人以赏心悦目的审美,更能抒发人们对美好生活的愿景。文化自信就是通过对中华优秀传统文化的弘扬与传承,把中华优秀传统文化的精髓深入到现代国人的精神世界,表达爱党爱国爱人民的家国情怀,这是精神富裕的催化剂。

开发区(海昌街道)分管文化的党委委员章家力把弘扬这种传统文化作为一项重要的工作来抓,结合实际拓展思路,研究如何把区街的文化工作做得有声有色,将文化融入企业融入社区,成为职工和居民日常生活的组成部分,成为广大人民群众在创造美好生活中的助燃剂,燃起对美好生活物质富裕的热情,在跨入小康社会共同富裕的道路上发挥文化的力量。

在这样的思维下,区街文化活动层出不穷,文化下基层、书画艺术培训、书画艺术家与企业同书共画等活动经常深入企业社区,用浓彩重笔书写出开发区(海昌街道)30年来的发展,描绘出美好的未来。

在金秋时节丹桂飘香之际,"潮艺润'芯'声 共富向未来"海宁(中国)泛半导体产业工业社区公益艺术培训班再次举行，这也是园区的第二期培训活动，是开发区(海昌街道)与市文联一起协作，组织书画艺术家到天通泛半导体产业基地传授书画艺术之技，这一活动吸引了众多书法爱好者参与。

通过书画艺术培训，书画爱好者进一步感受中华文明的魅力，从书画艺术中感受中华民族的哲学思想和中华优秀传统文化的博大精深，从而在一笔一画的书法中，在浓淡相宜的泼墨渲染中，展现开发区(海昌街道)的无限风光，领悟七彩的生活向往，提高广大群众的艺术涵养和综合素质，丰富群众的精神文化生活。

书画艺术、文化活动进企业入社区等活动也已经成为丰富广大企业职工和社区群众的常态活动。

胜利社区迎来了书画艺术家的联谊活动；双山村的文化舞台上唱出了"没有共产党就没有新中国"的时代强音……

——开发区(海昌街道)的人们幸福感不断提升，30 年来，他们的经济收入不断增长，生活条件发生了天翻地覆的变化，特别是开发区扩容升级过程中，拆迁工作让许多老百姓得到经济补偿，生活条件越来越好。钱包鼓起来了，但一些人物质生活富裕的同时精神生活不能同步提升，由此阻碍了精神文明建设发展，成为严重影响社会稳定的不安定因素。

开发区(海昌街道)的精神文明建设如何提升？如何丰富广大群众的精神文化生活？

提升广大群众的精神生活是多方面的，不仅仅是意识形态的事情，创建场所开展体育活动也是十分重要的内容之一，这项活动可以让那些剩余精力充沛的群众既可有地方活动不再迷恋牌桌，又可锻炼身体增强体质，是一项创造精神文明活动的有益运动。

开发区(海昌街道)找准这个方向，高度重视文化体育事业发展，围绕"智慧+""体育+""文化+"，不断推进文体设施布局建设。推出"10 分钟健身圈"，让居民可以在 10 分钟左右的时间找到一个直线距离在 800～1000 米范围内的活动场所即可开展健身活动。经过规划建设，开发区(海昌街道)辖区内先后建设健身点 83 个，篮球场 20 个，网球场 5 个，足球场 2 个，门球场 4 个，地掷球场 1 个，多功能场地 2 个……

10 分钟就有一个活动场所的目标实现了，全民健身运动有了长足的发展，极大地丰富了广大群众的精神生活。

　　狮岭社区体育"运动家"建设的推进成为开发区（海昌街道）实现"10分钟健身圈"全覆盖的一个缩影。

　　狮岭社区的经济发展了，居民物质富裕生活水平不断提高，如何让居民的精神同步富裕，业余生活体现现代文明？社区的领导对此有自己的看法：不能让居民的业余生活围绕牌桌、麻将桌转，要让他们走出那两张经常引人进入歧途的桌子，就必须要给大家创造一个既能增强体质又能提高精神素质的活动项目，那就是要建造男女老少都适应的全民健身广场，建造适应青年人的健身场所。

　　"狮岭社区的文化礼堂洁净明亮，二楼可以充分利用起来，改造成为青年人喜欢的健身房。"社区多次研究后达成共识，并迅速落实。改建后的"运动家"百姓健身房每天免费对社区居民开放，并引入数字化科学管理模式，居民在"运动家"小程序完成实名注册后，应用刷脸系统就可进入健身场所，这种管理模式的提升不仅减少人力成本，也极大地方便了健身者。

　　室内的健身房面积虽然不大，但设施却是十分齐全，有跑步机、动感单车、坐式推胸等运动器械，并配有一张标准的乒乓球台，满足了居民多样化的健身需求。

　　每天晚上健身房热闹非凡，许多居民都在饭后选择来这里出身汗减减肥，期望保持良好健康的体魄。

　　居民张建民（化名）是跑步机上的常客，他家住附近，每天晚饭后就到"运动家"百姓健身房，在跑步机上跑出一身汗，回家洗个热水澡后一觉睡到天亮，早上起来神清气爽，工作起来精神饱满。他常常对单位的同事自豪地说起健身的事情："我们社区的健身房不仅环境好设备齐全，还免费对外开放。自从健身房建好后，我不用再开车到市区去了，在家门口健身特别方便。"

　　租住在社区里的新居民李小林（化名）则喜欢打乒乓球，他读书时曾经学过乒乓球，所以看到社区的"运动家"百姓健身房里有乒乓球桌子就非常高兴，经常与同在企业打工的同乡相约，成为乒乓球桌上的常客，球艺也越来越好，在锻炼身体的同时也增强了自信心。

　　每天来"运动家"百姓健身房的人员日趋增多，社区面对这种情况，特意聘请了12位老师担任体育指导员，无偿为居民提供健身指导。消息传出后，来健身房的人更多了，吴心怡等狮岭社区的工作人员与民同乐为民服务，帮助不会使用App注册的人进行注册，不少居民成为名副其实的"运动家"。

健身房毕竟是年轻人活动居多，如何给其他人群创建合适的体育健身场所？狮岭社区根据居民需求，不断推进体育"运动家"建设，对 3600 平方米村级全民健身广场进行升级改造，升级改造后的全民健身广场内建设有门球场、篮球场和健身广场等。同时，社区聚焦"一老一小"需求，在辖区新增了 5 处儿童娱乐设施，这些活动场所成为老少的喜好。

在社区光耀北一区，居民陈玲宝（化名）带着小孙子玩乐，小孙子在滑梯上忙得不亦乐乎，陈玲宝站在滑梯下面双眼开心得眯成一条缝。一件件五彩斑斓色彩鲜艳的跷跷板、滑梯等儿童游乐设施，充满童趣的造型让小朋友流连忘返，成为童真天性的表现之地。

"过去小区里就是缺少这些小孩子玩乐的地方，这里建好后我家的小孙子可高兴了，天天都喊着要来玩。"陈玲宝每次带孙子去游玩时，逢人就会对别人这样说。其实小区里有这种感受的何止陈玲宝一个，"王玲宝""朱玲宝""胡玲宝""李玲宝"……一批奶奶级的"玲宝"在陪同孙子孙女玩乐时，脸上绽放的笑容好比阳光下开放的向日葵艳丽灿烂。这些"玲宝"奶奶们昔日做梦都不曾想到过，家门口会有这种不曾见过的玩意儿，那种听说只有在城市里才能建造的儿童玩乐设施竟然就在眼前，而且成了儿孙辈欢乐童年的陪伴成长之器，这些小孩子真的是幸福，全靠中国共产党，全靠人民政府，全靠开发区（海昌街道）和社区为老百姓办实事办好事。

"想想我们小时候，想想自己的子女小时候哪有这样好的条件，这些东西听都没有听到过。真是托共产党的福才有这么好的日子。"

这些或许就是"玲宝"奶奶们发自内心的感叹！实实在在没有修饰的语言，只是直白表述了内心的感受，这就是"玲宝"们从心灵深处发出的赞歌，是对 30 年变迁的赞歌！

如此幸福的生活，"玲宝"们怎么能不唱出心中的赞歌？

且不说 30 年前这里只是一片农田，即使倒退 20 年，这里依然是一片农田，是小孩子割羊草的地方。田埂头的青草、乱岗上坟茔旁边的茅草都是他们的战利品，割羊草是他们成长中的头等大事。年过四十的人都清楚地记得，自己小时候空余时间的玩乐大多是在家门口的场地上进行，女孩子跳牛皮筋时，泥场上的灰尘随着女孩子"你跳一我跳一"的唱词腾空飞舞，沾满她们那双露出脚趾尖的鞋子。男孩子则是在场地上挖出几个小洞，用手打玻璃弹子进洞比输赢。男女孩合玩的则是在场地上用树枝画出几个几何状的方格跳王,就算是比较大型的集体玩乐活动了。而踢毽子或者用门板放在场地上当乒乓桌子打球就已经是比较奢侈的活动,很少有小孩能去参与玩乐。

男孩子比勇气比能力的事就是爬树抓知了、掏鸟窝、采乌柏籽,更有在一起割羊草过程中,将镰刀旋转式扔向上空,以落地时镰刀柄插入泥土中为胜赢取同伴的羊草。

这种少年儿童玩乐的项目在今天看来似乎是不可思议,但基于30年前的经济发展现状和社会物质基础条件,这种项目可以说在全国各地都是普遍的现象。现在虽说一些上了年纪的人怀念过去落后方式的游戏和活动,但也只是一种怀旧的心理,这些记忆都将锁入历史的保险箱,或许偶尔拿出来晒晒,但也仅仅是晒晒而已。

历史的前行发展不只是狮岭社区如此,海昌街道的各个村和社区都有自己的拿手项目,双喜村就是在共富的道路上让居民迈上了高品质生活的"幸福路"。

双喜村投入150万元建设了村级全民健身体育场,该项目占地约4500平方米,和其他社区一样,健身体育场内既有年轻人喜欢的足球场,也有老年人常去的门球场,也有儿童必到的游乐场,各个年龄段村民在那里总能找到自己喜爱的活动项目,达到了村民全覆盖的目标,把双喜村打造成为城北幸福新高地。

双喜村的特点是以科学的手段,把智能化作为管理和服务的媒介,运用到全村的各个方面。

——全面完成社区运动家智能化建设,室内外场地均应用人脸识别一体机和智能门禁电锁系统,对体育场所实施现代化管理。

——公共区域及文化礼堂全面实现5G Wi-Fi全覆盖,智能化应急广播也实现了分区域精准控制,解决和提升了应对突发事件的能力。

——用以民为本的理念举办农民运动会、农民歌舞会,用农民喜欢的生活方式丰富村民的精神文化生活,提升群众的普惠性、体验度与获得感。

——围绕小区外围延伸至千亩良田建设了6公里生态游健身步道,并完成配套设施,利用健身步道两侧的电线杆安装上智能广播、公共Wi-Fi设备、监控探头,后台与村里的'智慧共富社区'平台连通,不仅能实现应急广播智能化分区控制以及公共区域5G Wi-Fi全覆盖,还能实时掌握路面信息。并且在步道两侧设有固定蹬车、原地行走、单杠等50多种健身器材,让在健身步道上锻炼的村民随时可以停下来秀一把。

村民陈大力(化名)每天早上 8 点半就会准时去生态游健身步道行走,那一路田野风光使这个年近半百的汉子健身"成瘾",这家门口的景色是这个土生土长的人过去都不曾看到过的,绿的树叫不出名,五彩的花品种繁多记不住名,只是欣赏欣赏再欣赏了。他在步行的过程中还不时到边上的单杠上、蹬车上去秀一下,和同行的人一起嘻嘻哈哈地走完全程,健身的同时愉悦身心一举两得。

从生态游健身步道到各类专业运动场地,双喜村已经形成布局合理覆盖全区的健身服务体系,多元的体育文化事业让村民在家门口享受便捷优质的健身服务,让大家过上高品质生活,既充实了精神文化生活,又达到物质富裕和精神富裕双丰收。

精神文明建设是一个全域的事情,开发区(海昌街道)党委在抓好村、社区文化体育设施,构建精神文明建设的同时,同样关注企业职工的文化体育事业发展。

——在海宁泛半导体产业园四期综合楼内建设了大型健身中心,设置了健身器械、羽毛球、自由搏击、瑜伽等 17 个运动休闲项目,为泛半导体产业园企业职工提供了休闲运动好去处。

——在东区万物工场内,建设了 2000 多平方米的健身房,里面也设置了羽毛球场馆、篮球场、乒乓球桌、台球室等,为东区企业职工和周边群众运动提供场地。

…………

开发区(海昌街道)全域物质与精神双丰收,精神富裕促进了物质富裕的发展,物质富裕奠定了精神富裕的基础,两者相辅相成共同富裕,成为开发区(海昌街道)30 年变化的主旋律,唱出了时代的强音。

第三十章

清正廉洁　保持党性在路上

开发区作为海宁市的一个经济主战场,自然是和经济两字无法分开。胡长清案件的查处,给开发区敲响了警钟,作为全国典型的反腐案件,开发区十分重视反面典型事例。2000年,开发区党委组织观看了《胡长清案件警示录》视频,学习有关辅导资料,并在开发区进行了大教育大讨论,大家谈体会找问题,从自身的廉洁奉公做起,确保队伍不出问题、少出问题。

如何让开发区的党员干部既能抓好经济工作,又能在经济发展的大环境中打好自己的预防针,自觉抵御这种"病毒"的侵害,从而保证队伍的纯洁和清廉,开发区党委下足了功夫。

开发区新建办公楼竣工并投入使用后,为招商引资创造了良好的条件。良好的办公条件更要有良好的队伍,要塑造良好的团队,必须要有一支高素质的干部和职工队伍,清正廉洁是保证开发区这支队伍不出问题的首要条件。

为保持党员的先进性,保证队伍清正廉洁不出问题,2004年开发区党委专门邀请了市纪委副书记朱有田和市委党校副校长赵嘉年到开发区做专题报告。

"党找到了自我革命这一跳出治乱兴衰历史周期率的第二个答案,自我净化、自我完善、自我革新、自我提高能力显著增强,管党治党宽松软状况得到根本扭转,风清气正的党内政治生态不断形成和发展,确保党永远不变质、不变色、不变味。"在对全体党员干部的警示教育中,每个党员撰写体会文章,分析自身不足,提出整改意见,并向组织作出承诺:领导以身作则做好表率作用,带头做好反腐倡廉工作;全体党员干部强化学习,自觉抑制"酒色财气"的侵蚀,做到金钱面前不贪心,美色面前不动心,真正履行好开发区党委和管委会赋予自己的管理职责，促进开发区经济工作的全面健康发展。

开发区党委领导清楚地认识到，开发区不是生活在真空社会中，在经济发展的大环境下，警示教育成为开发区每年的必修课程，通过多种形式对干部职工进行反腐倡廉的教育，把权力关进笼子里，以确保队伍的纯洁性，使队伍不出问题、少出问题，使干部不敢腐、不能腐、不想腐，把反腐工作防患于未然。对偶尔出现的苗头性问题组织上采用"拉袖子""咬耳朵"的方法，使问题早发现早解决，不使小蚁穴溃了大堤。

要保证队伍不出问题，开发区党委在加强自身免疫力的同时，强化制度建设，以制度作保障。开发区先后实施了竞聘上岗、择优上岗的工作举措，对区内中层干部，通过公开竞聘轮换上岗，进一步建立和健全了科学用人机制，完善了各项规章制度，努力提高办事效率和服务质量。

"我们深入推进全面从严治党，坚持打铁必须自身硬，从制定和落实中央八项规定开局破题，提出和落实新时代党的建设总要求，以党的政治建设统领党的建设各项工作，坚持思想建党和制度治党同向发力。"

30 年来，开发区党委和管委会的领导虽然历经变换，但一任又一任领导坚持这个优良传统始终不变，在抓队伍建设的过程中不断创新和发展，与时俱进运用现代管理模式管好队伍，抓好党员的教育和监督。

实事求是地看待这种现象，证明我们国家在反腐问题上从来是毫不手软，因此近年来国家级层面上也查获过一些"大老虎"，也拍死过许多"苍蝇"。哪里有腐败哪里就有利剑，力争用制度和法律使我们党的干部不敢腐、不能腐、不想腐，成为清正廉洁的好干部。

教训是深刻的，积极寻求补救措施成为开发区的首要任务。

为了更加有效地抓好队伍建设，开发区充分运用现代化权力大数据监督系统，此时，云哨系统应运而生，该系统能实时掌控干部职工在工作中存在的违法违规线索，以帮助及时对这些人员提前做好教育制止工作。2022年云哨系统连续发出预警提示音，提示显示海宁经济开发区的 4 名工作人员在工作中涉嫌存在违规兼职的问题。闻讯，开发区纪工委随即对 4 名工作人员进行了核查，确认 4 名工作人员存在参与企业入股的问题后，开发区纪工委分别对他们作出了提醒谈话、批评教育等相应措施，并要求他们立即落实好利益回避。云哨系统给开发区的廉政建设扎紧了绳子，吹响了警示的哨子，以先进的科学手段给开发区的廉政建设把关，该系统上线以来已产生红色预警 13 条，问职干部 4 人，5 家企业被列入招投标黑名单。

　　开发区党工委书记、海昌街道党委书记陈中权认为,在进一步改革开放的背景下,各种事项的权力就会下放得更多,要把权力锁进笼子,就需要具有高效的全方位的数字化监督系统。因此,推广云哨系统数据监督的应用,可以进一步提升监督的精准度,增强主观发现精准发现问题的能力,从而助力构建新的廉政建设监督格局。

　　如今,一支高效廉洁的队伍在开发区的土地上正在闪光发热,他们时刻展现着党员干部的光辉形象。

第三十一章
踔厉前行　辉煌成就 2022 年

党的二十大报告中指出:"坚持以人民为中心的发展思想。维护人民根本利益,增进民生福祉,不断实现发展为了人民、发展依靠人民、发展成果由人民共享,让现代化建设成果更多更公平惠及全体人民。"

开发区深入贯彻以人民为中心的发展思想,在幼有所育、学有所教、劳有所得、病有所医、老有所养、住有所居、弱有所扶上持续用力,使区街人民生活全方位改善。经过 30 年的努力,把区街从一个以农业生产为主的区域演变成为一个现代高科技产业与现代农业相融合的新时代城镇区域,谱写了海宁历史上一首新时代的进行曲。

党的二十大报告指出:"建设现代化产业体系,坚持把发展经济的着力点放在实体经济上,推进新型工业化,加快建设制造强国、质量强国、航天强国、交通强国、网络强国、数字中国。"在这个思想的指导下,在全体干部职工的努力下,开发区每时每刻都在发生着变化,人民群众的幸福感获得感持续提升。

——招商引智方面:迭代升级不断创新,招商引智取得新的成就。2022 年 9 月 8 日,素珀电子半导体洁净机器人手臂研发及生产项目正式签约落户海宁经济开发区,本次签约项目总投资 1 亿元,将在海宁建设国内领先的半导体洁净机械手臂及衍生设备智能制造生产基地,以自有的核心零部件技术为支撑,完成自主可控新一代洁净机械手臂和定制化的 EFEM 及晶圆传片机等衍生设备的量产化及国产化。

2022 年 9 月 5 日上午,理想晶延半导体设备项目正式签约落户海宁经济开发区。成立于 2013 年的理想晶延半导体设备(上海)股份有限公司,专业从事半导体及泛半导体领域高端装备的研制与销售,主营高效光伏太阳能电池镀膜设备。其通过公司大股东正泰集团引荐落户海宁,未来将依托正泰新能源在太阳能光伏领域的优势,持续同步研发,强化自身在新能源高端装备产业的领先优势,建立技术及市场"双领先"。同时发挥聚磁效应,广泛吸引战略合作伙伴,带动海宁本地的高端装备产业的发展,实现共同长远双赢发展。

——经济建设方面:人才创新大厦万物工场二期等项目开工建设,为企业人才创造更好的居住环境……

博菲电器股份有限公司在深圳上市,成为开发区第五家上市公司。

立昂东芯项目开工建设,用地面积约 205 亩,总投资 50 亿元,由原先皮革企业的低效用地收储腾退之后而建,项目建成后年销售收入可达 30 亿元。

——基础建设方面:海涛路北延、"东大门"硖川路启动"四改六"有机更新改造,畅通居民日常出行和推动东区智慧港的开发建设。

——医疗卫生方面:医卫建设硕果累累,海宁市人民医院开发区分院(海昌街道社区卫生服务所)建成使用,分院总投资 1.49 亿元,占地面积约 33 亩,总建筑面积约 2.57 万平方米,规划床位 180 张,配备进口 CT、超声、肺功能仪、心电监护、DR、全自动血球仪等先进医疗设备。在诊疗环境、医疗设备等方面全面提升,不断提高区域医疗卫生保障水平,为城北居民和企业职工就医提供了极大的便利。

——公平教育方面:教育是民生之基涉及千家万户,坚持以人民为中心发展教育,加快建设高质量教育体系,发展素质教育,促进教育公平。

2022 年 9 月 1 日,海宁市海昌初级中学(海宁经济开发区实验初级中学)正式揭牌启用,学校总投资约 2.1 亿元,建筑面积约 3 万平方米,校内具有浓郁的新中式江南书院风格,配套设施齐全,师资力量强大,首批招收学生 1306 名。

位于开发区辖区内的海宁市狮岭小学、海昌街道中心幼儿园双山分园项目也都被列入建设规划。未来这些学校将有效缓解开发区居民"上优质学校难"的局面,为城北培育优秀学子提供优质的教育资源。

——精神文明方面:精神文明建设深入民心,成为各级党组织的一项中心工作抓实抓好,涌现出一批先进典型。

洛隆社区立足实际,按照文明和谐社区创建标准,紧紧围绕"党建强、服务优、管理精、环境美、风尚好"的目标,在10个住宅小区3262户及330多家商铺中探索"睦邻小区"、打造"红暖商圈"、提升"红色物业",将社区党的工作融入万家灯火,设立《洛隆·芯能道德公益奖》在社区形成了人人讲文明,家家相和谐的良好社会风气,获评2022年度海宁市文明和谐社区称号。

双联社区位于海昌街道海宁经济开发区西部,居住居民3992人,其中新居民数2581人,占本地居民的65%,社区遵循"地域相邻,人员相熟,文化相近,构成相似"的原则,发挥党员"影响一片、带动一片"的优势,聘请专业法律顾问,设置社区法律服务机构,为居民提供法律咨询、调解纠纷以及帮社区管理提出法律意见,累计成功调解纠纷129起,调处率100%。成功创建"海宁市级文明社区""嘉兴市绿色社区""嘉兴市民主法治社区",社区原居民与新居民相融一家亲,获评2022年度海宁市和谐社区称号。

…………

开发区(海昌街道)30年的变化是一个阶段的成果,未来的路还很长,可谓是任重道远。他们在新的形势下,以更加高昂的精神在这块土地上砥砺前行,一步一个脚印地奔向着未来。

党的二十大报告中指出:"未来五年是全面建设社会主义现代化国家开局起步的关键时期,主要目标任务是经济高质量发展取得新突破,科技自立自强能力显著提升,构建新发展格局和建设现代化经济体系取得重大进展;改革开放迈出新步伐,国家治理体系和治理能力现代化深入推进,社会主义市场经济体制更加完善,更高水平开放型经济新体制基本形成;全过程人民民主制度化、规范化、程序化水平进一步提高,中国特色社会主义法治体系更加完善;人民精神文化生活更加丰富,中华民族凝聚力和中华文化影响力不断增强;居民收入增长和经济增长基本同步,劳动报酬提高与劳动生产率提高基本同步,基本公共服务均等化水平明显提升,多层次社会保障体系更加健全;城乡人居环境明显改善,美丽中国建设成效显著;国家安全更为巩固,建军一百年奋斗目标如期实现,平安中国建设扎实推进;中国国际地位和影响进一步提高,在全球治理中发挥更大作用。"

岁月是歌,时间交出了最好的答卷。30年岁月中开发区始终坚持党建引领,一路向前转型突围,把区街建设成为了集产业、创新、教育、发展为一体的高品质新城,这奋进的历史是最精彩的故事,是最嘹亮的歌,岁月的歌声展现了 30 年的蜕变历程,岁月的歌声唱出了启航新征程的旋律。

▊ 尾 声

　　2022 年 9 月 1 日,浙江省在绍兴召开新一轮制造业"腾笼换鸟、凤凰涅槃"攻坚行动现场会暨"415X"产业集群推进会,省长王浩在讲话中强调:

　　制造业是立国之本、强省之基、富民之源,是经济社会高质量发展的命脉所系。要深入学习贯彻习近平总书记关于制造强国重要论述,认真落实省第十五次党代会精神,振奋精神、鼓足干劲,扎实推进全球先进制造业基地和制造强省建设,为推进"两个先行"提供坚实支撑和强大动力。

　　振奋精神,鼓足干劲,扎实推进全球先进制造业基地建设。建设全球先进制造业基地是深入学习贯彻习近平总书记关于制造强国重要论述精神的浙江行动,是建设现代化产业体系、打造制造强省的关键之举,是贯彻新发展理念、在高质量发展中奋力推进"两个先行"的必然要求。

　　会议进一步明确全球先进制造业基地建设的目标任务、支撑、路径和重点工作。

　　目标任务:到 2025 年,要实现"五个更",即发展质效更高、创新动能更强、产业结构更优、能耗强度更低、区域均衡更好。

　　支撑:加快培育"415X"先进制造业集群。"4"是指重点发展新一代信息技术、高端装备、现代消费与健康、绿色石化与新材料等 4 个万亿级世界级先进产业群。"15"是指重点培育智能电气、生物医药与医疗器械、高端新材料等 15 个技术水平先进、国际竞争力强的千亿级特色产业集群。"X"是指重点聚焦三大科创高地和人工智能、基因工程、区块链等前沿领域,培育一批成长性高的百亿级"新星"产业群。

　　路径:坚定不移地实施"腾笼换鸟、凤凰涅槃"攻坚行动,加快推动产业格局重塑、发展动能重塑、企业主体重塑、发展模式重塑、空间布局重塑,全面提升产业基础高级化和产业链现代化水平。

　　重点工作:一要强化雁阵式培育,大力培育产业领航企业和"专精特新"

企业,大力实施科技企业"双倍增"计划,促进大中小企业融通发展。二要强化引领型发展,提升科创平台能级,突破关键核心技术,突出企业创新主体地位,实施产业基础再造和产业链提升工程,推动创新链产业链深度融合。三要强化集群式打造,优化空间布局,建强产业平台,做强产业链条,扩大先进制造业竞争优势。四要强化大项目牵引,集中精力招大引强,主动作为增资扩产,全力以赴提速增效,增强制造业发展后劲。五要强化数字化转型,推进数字产业化、产业数字化,夯实数字经济底座,擦亮数字经济金名片。六要强化集约化改造,淘汰落后产能,整治低效工业用地,推进绿色低碳发展,加快传统制造业改造提升,提升"腾笼换鸟、凤凰涅槃"攻坚实效。

各地各部门要持续加大全球先进制造业基地建设的保障力度,完善专班工作机制,用好"争先赛马"机制,强化资金、土地、能耗等要素保障,努力打造市场化法治化国际化营商环境,真心实意帮助企业解决实际问题,让企业更加暖心更有信心。

为贯彻执行省新一轮制造业"腾笼换鸟、凤凰涅槃"攻坚行动现场会及先进制造业产业集群推进会精神,嘉兴新一轮制造业"腾笼换鸟、凤凰涅槃"攻坚行动现场会及先进制造业产业集群推进会在海宁召开,嘉兴市委副书记、市长李军出席会议并讲话,与会人员参观海宁泛半导体产业园和部分先进制造业企业。海宁市委副书记、市长许红莲表示:海宁将继续加大攻坚,加强引导,强化倒逼,以"硬举措"推动腾笼换鸟,进一步调优存量拓空间;紧盯招大引强目标,办好海商大会,加强项目推进,进一步扩大增量添动能;聚焦142产业集群打造,着力规划推动、项目带动,政策撬动,进一步抓住变量增后劲。

新一轮制造业"腾笼换鸟、凤凰涅槃"攻坚行动已经拉开序幕,海宁经济开发区的全体干部职工已经准备好用自己的实际行动响应省委省政府的号召,发扬成绩,补足短板,迎接更大的挑战,收获更大的成果,让海宁经济开发区成为一个区域现代化城市的标杆。

期待海宁经济开发区在未来的岁月中唱出更为激动人心的歌!

■■ 后 记

2022 年 6 月,海宁市文联副主席许晓飞与我联系,海宁经济开发区(海昌街道)拟创作一部开发区 30 年发展过程的报告文学,想请我帮助撰写。

闻此我心里十分忐忑。

许晓飞曾是我的同事又是好朋友,盛情难却,担心凭自己的水平难以交差。作为本地人的我,对开发区建立后 30 年的变迁还是有所了解的,在工作中也经常与其有交集,十分清楚海宁经济开发区的发展过程:30 年的历史长河中,人事变化不断,各类热点事件众多,企业发展参差不齐,有的企业是昙花一现,有的企业由小变大成为开发区的主打龙头企业。而今企业足有三四千家,泛半导体产业方兴未艾;航空航天产业蓝天飞翔;智慧产业园破茧而出;牵手漕河泾飞地海宁;时尚产业引领潮流,可谓是红丝待选无所措手,要写好这篇报告文学实在是难以下笔。真可谓是跋前疐后不敢轻易举棋。

然而我这个人最大的缺点是讲感情吃情面,不答应似乎对不起朋友的情谊,想想开发区 30 年的发展经历,所取得的成就确实令人瞩目,我感觉值得在海宁的历史上书写一笔。

考虑了许多时日,在 2022 年 9 月,我最终还是接受了任务。

着手进入创作后,任务的艰巨和困难时时困扰着我,那段时间满脑子都是开发区的事情,从报告文学的特性、采访的安排、实地的考察和全书结构的布局以及对开发区 30 年创业发展的重大节点的着墨等让我寝食不安,可以说有种前所未有的压力。

一方面开发区 30 年的历史发展中,物是人非变化巨大,开发区与狮岭乡、双山乡、伊桥乡等区域逐渐相融,与海宁皮革服装城、海宁皮革产业园等交集,特别是区域的变化扩大,与海昌街道两度分合,从组织建设到行政框架都在不断变化,且开发区也是不断更名,尤其是开发区与海昌街道两度分合,人事的不断变更,名称的不断变化,历史资料的缺失都给写作增加了难度。

在收集资料过程中,得到了档案局吴忠健老朋友的大力帮助,他帮我查阅收集了许多资料并且邮发给我;原开发区副主任周利德还提供了自己任职时的一些工作笔记和文件材料;章竞前特地两次与我联系接受采访,叙述了海宁皮革产业与开发区发展的关系,张月明、许金忠、吴洪峰等都抽出宝贵时间接受了采访。

本书的采访过程中,得到了开发区领导和部门的大力支持,时任党委副书记沈晔、党委委员章家力等领导非常关注本书的进展,党建办叶燕全程陪同对企业和相关人员进行了采访活动。我通过面对面交流以及电话、微信、电子邮件等多种形式,先后采访了徐辉、马维江、高根忠、潘宇民、张月明、吴甫明、许金忠、章竞前、沈国顺、花国平、褚宝良、金中一、徐李庆、张建顺、周利德、程光法、张庆勇、吴洪峰、沈斌、章红缨、柴丽丽、倪晓辉、寿祝平、邬明峰、张轶丁、张海青、高学工、凌斌、郑志浩等近百位市领导、曾任与现任开发区的领导和中层干部及企业领导人员,使我客观地收集了解了开发区的工作情况和取得的成绩。

在采访过程中,开发区许多入驻企业也提供了珍贵资料。天通集团董事长潘建清、安正集团董事长郑安政、海橡集团董事长王周林等不仅亲自接受了我的采访,还指示企业全力配合并提供资料,使我全方位客观地了解开发区管委会在企业的发展过程中全力支持和企业自身紧紧抓住机遇不断发展的情况,从而真实地把他们的发展过程记录下来。

在写作的过程中,我深深感到,海宁经济开发区 30 年的发展经历,就是一首改革开放的歌,是以创新发展科技发展为主旋律,唱出了海宁 30 年来在改革开放中敢为人先猛进如潮的精神,唱出了开发区不畏艰难砥砺前行发展经济的大美之歌,因此,我斟酌再三而将本书定名为《岁月是歌:海宁经济开发区 30 年发展纪实》。

初稿完成后开发区领导和相关人员进行了认真的审阅,海宁市委常委陈中权及党委委员章家力等领导都非常认真地进行了审阅,并提出了许多富有见解的修改意见,同时也有许多企业提出了不少修改意见,根据反馈的修改意见,我经一个多月的修改完成二稿,再次征求修改意见后,《岁月是歌:海宁经济开发区 30 年发展纪实》正式和大家见面。

《岁月是歌:海宁经济开发区 30 年发展纪实》成书过程中,一直得到上述领导和朋友们的大力支持,在此对他们一并表示感谢。

由于自己的写作水平有限，在本书中必然还存在许多问题和不足，真心期望得到大家的批评指正。

孙亦飞

2023 年 4 月